...seinem Heiligtum
...Feste seiner Macht
...Taten Lobet ihn in
...rlichkeit Lobet ihn
...et ihn mit Pauken
...hn mit Saiten...
...it hellen Zimbeln
...lingenden Zimbeln
...at lobe den Herrn

FRIEDRICH LADEGAST
DER ORGELBAUER VON WEISSENFELS

Friedrich Ladegast in mittleren Jahren zur Zeit des Baus der Leipziger Orgel. © Museum Weißenfels

Friedrich Ladegast

DER ORGELBAUER VON WEISSENFELS

HERAUSGEGEBEN
VON WALTER LADEGAST

WEIDLING VERLAG
STOCKACH AM BODENSEE

© WEIDLING VERLAG STOCKACH-WAHLWIES 1998 · ALLE RECHTE VORBEHALTEN
UMSCHLAG: PETER FLÖGE
SATZ UND BILDREPRODUKTION: SETZEREI SCHUMACHER, RADOLFZELL
DRUCK: DRUCKEREI KONSTANZ
BINDUNG: WALTERINDUSTRIEBUCHBINDEREI, HEITERSHEIM
ISBN 3-922095-34-8

INHALTSVERZEICHNIS

Organisten und Persönlichkeiten über Friedrich Ladegast
    Hans-Günther Wauer 8
    Aus dem Gästebuch 9
    Albert Schweitzer 10
    Winfried Petersen 12
    Martina Apitz 13
    Helge Schulz 14

Stätte des Wirkens und der Erfolge
    Weißenfels – Im Spiegel der Geschichte 18

Der lange Weg zur Meisterschaft des Orgelbaus
    Verschüttete Quellen der Familien-Geschichte 26
    Johann Friedrich – das begabte Kind 28
    Ein Schüler mit klaren Zielen 32
    Lehre und das erste Werk 34
    Wanderjahre voller Wissensdurst 34
    Selbständig – ein Traum wurde wahr 38

Der gestandene Mann und seine Werke
    In schwierigen Zeiten auf der Erfolgsleiter 44
    Die erste Orgel 45
    Orgelbau 46
    Heirat 46
    Erste Erfolge 47
    Das erste große Werk 48

Ladegasts Orgeln: Genialität und exzellentes Handwerk
    Die Merseburger Domorgel 50
    Konstruktion der Orgel 50
    Einweihung der Orgel 54
    Die Merseburger Orgel heute 56
    Die Orgel aus Raschwitz 57
    Als Orgelbauer im Zenit des Erfolges 60
    Leid im Leben des Bürgers Friedrich Ladegast 62
    Die Orgel der Leipziger Nikolaikirche 64
    Orgeln in Europa 68
    Weißenfels 69
    Wittenberg 72
    Die Wittenberg-Orgel heute 76
    Zum Klangbild der Orgel 77
    Aufträge für nah und fern 79
    Die Schweriner Domorgel 82
    Die Orgel des Musikvereins in Wien 95
    Köthen 97

    Orgeln in Westfalen 97
    Paulinerkirche in Leipzig 98
    Naumburg 100
    Siegen 100
    Kegelladenorgeln aus der Werkstatt Ladegast 110
    Wernigerode 111
    Ronneburg 116
    Rudolstadt 118
    Chemnitz 118
    Hermsdorf 120
    Leutenberg 123
    Parum 123
    Pneumatische Traktur 125
    Posen und Reval 126
    Schleiflade oder Kegellade? 127
    Niedergang der Firma? 128

Friedrich Ladegast – sein Lebensabend
    Zwei Generationen – zwei Welten 132
    Stillstand der Entwicklung 133
    Letzter Auftritt in Leipzig 134
    Das Ende der großen Ära des Orgelbauers Ladegast . 136
    Ausklang 137
    Trauer um den Künstler und den Menschen 138
    Schüler wurden zu Meistern 141
    Die Familie 142

Schicksale von Ladegast-Orgeln
    Helge Schulz – Der Weißenfelser Raum 144
    Die Orgel der Leipziger Nikolaikirche 147
    Neuengeseke in Westfalen 149
    Siegen 149
    Plennschütz Güstrow – Biederitz 152
    Der Nachruhm 156

Anhang
    Werbung mit Werken 160
    Stammbaum der Familien Ladegast 162
    Standorte der Ladegast-Orgeln in Deutschland 164
    Ladegast-Orgeln in aller Welt 165
    Begriffserklärung 166
    Quellen 173
    Danksagung 175

Organisten und Persönlichkeiten der Gegenwart über Friedrich Ladegast

Wo in einem Menschen etwas lebt,
das größer ist als er selbst,
etwas Weites, Freies, Menschliches,
ein Zug zur Höhe, ein heiliges Feuer –
wo der Geist in einem Menschen herrscht,
da ist Gott, auch wenn er nicht
genannt wird.
Leonhard Ragaz

ORGANISTEN UND PERSÖNLICHKEITEN DER GEGENWART ÜBER FRIEDRICH LADEGAST

HANS-GÜNTHER WAUER

EIN LEBEN MIT
DER LADEGAST-ORGEL

Als ich 1951 das Probespiel für das Amt des Domorganisten in Merseburg machte und das erste Mal eine Ladegast-Orgel unter die Finger bekam, wußte ich sofort, daß ich ein außergewöhnliches Instrument gespielt hatte. Ich wurde gewählt und habe 45 Jahre lang dem Dom und der Orgel die Treue gehalten. Die Faszination hat in dieser Zeit nicht nachgelassen, und ich habe mich jeden Tag wieder mit Freude und Ehrfurcht an den historischen Spieltisch gesetzt. Die Orgel war mir ein Mittler für die Werke aller Epochen, aber auch für Experimente wie »Jazz und Orgel«.

Ich habe mich bemüht, mehr über den Meister Ladegast zu erfahren. Außer der kurzen Biographie mit Lebens-, Lehr- und Werkdaten blieben aber die Quellen verschlossen. Eine umfassende Biographie ist bis heute nicht erschienen.

Das vorliegende Buch will sicher nicht den Anspruch erheben, diese Forschungsarbeit geleistet zu haben. Es ist aber erfreulich, daß versucht wird, aus zeitgenössischen Quellen und Zeugnissen von Organisten, die an Ladegast-Orgeln gewirkt haben oder noch wirken, ein Bild des großen Orgelbauers zu erschließen und den genialen Menschen nahe zu bringen. Ich bin sicher, daß er selbst sich so nicht verstanden hat. Als Handwerksmeister mit einer großen Werkstatt ging es ihm in erster Linie darum, gute Arbeit abzuliefern und damit neue Aufträge einzuholen.

In der Kunst – und dazu kann man den Orgelbau durchaus rechnen – geht es immer um die Verbindung von Handwerk und Intuition. Die ideale Verbindung von solidem Material, zuverlässiger Technik und unverwechselbarer Intonation, die ja die Handschrift jedes großen Orgelbauers ausmacht, ist das Kennzeichen der Orgeln von Friedrich Ladegast, der zu den prägenden Persönlichkeiten in der wechselvollen und sich immer dynamisch wandelnden Geschichte des Orgelbaus gehört.

Dem Nachfahren Friedrich Ladegasts ist daher zu danken, daß er sich der Aufgabe angenommen hat, dieses Buch herauszubringen, dem eine weite Verbreitung bei Organisten und Orgelfreunden zu wünschen ist.

AUS DEM GÄSTEBUCH DES MERSEBURGER DOMORGANISTEN HANS-GÜNTHER WAUER

Hans Otto
Organist der Silbermannorgel in Freiberg:
»Es war wieder sehr schön auf Ladegast. Man erkennt dabei, daß es neben Silbermann noch andere Orgelideale gibt, die erst zusammen die Orgel ausmachen.«

Peter Planyavsky
Organist am Stephansdom Wien:
»Mit großer Freude habe ich die Gelegenheit wahrgenommen, auf diesem Orgeljuwel – ganz im Sinne einer Rarität – ein Konzert zu geben.«

Hansjürgen Scholze
Organist an der Silbermannorgel
in der Dresdner Hofkirche:
»Dieses herrliche Instrument ist für mich das Nonplusultra einer Orgel.«

Ewald Kooiman
Amsterdam:
»Wenn es überhaupt eine Universalorgel gibt, ist es die Merseburger Ladegast-Orgel. Niemals vorher habe ich eine Orgel gespielt, welche die unterschiedlichsten Stile völlig zur Geltung bringt.«

Olivier Latry
Organist an Notre Dame, Paris:
»Welch eine Orgel. Der französische Organist fühlt sich nicht so sehr in der Fremde durch diesen symphonischen Stil, der ihm vertraut ist, sondern er läßt sich im Gegenteil gern von der Qualität der Klangfarben bezaubern. Ich habe mich sehr gefreut, diese zu kurzen 24 Stunden hier verbringen zu dürfen. Eine Erfahrung, die ich gern wiederholen würde.«

Wilhelm Krumbach
Deutschlandfunk:
»Ein unvergeßliches Erlebnis mit einer der schönsten Orgeln Deutschlands, Europas und der ganzen Welt.«

Hans-Günther Wauer
Domorganist in Ruhe

Albert Schweitzer in seinem Urwald-Hospital Lambarene. (dpa). © Süddeutscher Verlag

EIN BEWUNDERER VON FRIEDRICH LADEGAST

Albert Schweitzer, 1958, in einem Brief aus Lambarene an Hans-Günther Wauer: »Ich halte Ladegast für den bedeutendsten Orgelbauer Deutschlands nach Silbermann, dessen Tradition er fortsetzt. Sowohl in technischer wie in klanglicher Hinsicht sind seine Schöpfungen in gewisser Hinsicht einzigartig, weil sie spüren lassen, daß die Orgel eine Seele hat.

... Ich bin ein großer Bewunderer von Ladegast ... Meine Meinung geht dahin, die Ladegast-Orgeln, so wie sie sind zu erhalten, ohne etwas daran zu ändern, als Denkmäler einer gediegenen Zeit des deutschen Orgelbaus.«

Faksimile eines Briefes von Albert Schweitzer an Domorganist Gothe (Schwerin) von 1956.
© *Domgemeinde Schwerin*

WINFRIED PETERSEN

DIE ORGEL IM SCHWERINER DOM – EIN MEISTERWERK DEUTSCHER ORGELBAUKUNST

Es lohnt eine Reise nach Schwerin, um den Dom und seine große Orgel zu erleben. Es lohnt die Mühe, den Domturm zu besteigen, um die herrliche Aussicht auf die Stadt und ihre Umgebung mit Seen und Wäldern zu betrachten. Es lohnt – als heranwachsender 12jähriger Junge – von dem Werk Friedrich Ladegasts fasziniert zu sein und den Wunsch mit hinein ins Leben zu nehmen, Kirchenmusik zu studieren und vielleicht einmal an diesem Orgelwerk seinen Beruf zu finden.

Und wenn man dann – wie der Verfasser dieser Zeilen – 27 Jahre einem solchen Meisterwerk deutscher Orgelbaukunst des 19. Jahrhunderts dienen durfte, so geht man reich beschenkt davon. Ja, es lohnt auch die Mühe, die man hat, wenn dieses Werk störanfällig ist, es zu pflegen so gut es geht. Es lohnt sich, geduldig darauf zu warten, bis die große Restaurierung 1882–1888 sich erfüllen konnte als ein gelungenes Werk.

Es lohnt sich, immer wieder aufs Neue zu registrieren, immer neue Klanggewänder zu »weben« für die Orgelwerke verschiedenster Meister. Die Bandbreite der auf diesem Werk zu realisierenden Literatur ist groß, groß und weit wie die Gedankenwelt des sich neigenden 19. Jahrhunderts. Keine stilistische Einengung – diese Orgel ist von Ladegast »in diesen Dom komponiert«.

Diese Orgel gibt es nur einmal in Europa, vielleicht in der Welt. Ihr Klang ist unverwechselbar, die Mühe mit »ihr fertig zu werden« wohl auch! Res tantum cognoscitur tantum diligitur, eine Sache wird nur insoweit erkannt, wie sie geliebt wird. So möge der Leser dieses Buches dazu angeregt werden, Dom und Orgel persönlich zu erleben. Es lohnt sich!

Winfried Petersen
war Domkantor und Domorganist
in Schwerin 1966–1993

MARTINA APITZ

FRIEDRICH LADEGAST
IN VERBUNDENHEIT

Als junges Mädchen durfte ich einige Male den Domorganisten Hans-Günther Wauer in Merseburg zum Gottesdienst vertreten und lernte so die vollen und warmen Klänge der großen Ladegast-Orgel im Dom kennen und lieben. Oft fuhren wir von Halle aus zu Orgelkonzerten nach Merseburg, von denen mir eines in besonders lebhafter Erinnerung ist: Michael-Christfried Winkler spielte neben anderem die Brahmsschen Choralvorspiele und hatte sie wunderbar vielfältig registriert.

Bei meiner Bewerbung in Köthen war das Wiederfinden der Ladegastschen Klänge ausschlaggebend. Nun bin ich seit 14 Jahren Organistin an der Jakobskirche und deren Ladegast-Orgel von 1872, und immer wieder überraschen mich die Charakterfülle und Vielfalt der Stimmen.

Ladegast wirkt einfach echt und kann sich auch im Pluralismus der Klänge unserer Zeit behaupten – wie die treue Anhängerschar aus der ganzen Welt bezeugt.

Klänge beschreiben zu wollen ist immer ein schwieriges Suchen nach mehr oder weniger tauglichen Vergleichen. Ich hoffe, daß ich verstanden werde, wenn ich sage:

Bei Musik, die von Ladegastschen Orgeln erklingt, habe ich das Gefühl, in mir zu Hause zu sein und mich in Dankbarkeit an Gott wenden zu können.

Ich glaube, daß auch der große Meister Friedrich Ladegast bei seiner Arbeit von solchen Gedanken und Gefühlen beseelt war.

Mögen seine Orgeln und die Musik, die von ihnen erklingt, möge sein Lebenswerk auch durch dieses Buch noch mehr Menschen zugänglich werden.

Martina Apitz
ist Organistin in Köthen

HELGE SCHULZ

FRIEDRICH LADEGAST –
BEGEGNUNGEN MIT SEINEM WERK

Noch liegen die Jahre nicht weit zurück, in denen Orgeln der romantischen Stilepoche mit wenig schmeichelhaften Worten bedacht, barockisiert oder auch durch neobarocke Instrumente ersetzt wurden. Kompositionen des 19. Jahrhunderts waren in Orgelkonzerten selten zu hören. Es war eher die Ausnahme, Werke von Franz Liszt, Cesar Franck und Max Reger zu spielen. Es mag 1974 gewesen sein, daß ich meinem ersten Orgellehrer erzählte, daß ich im Radio eine Orgelkomposition von Mendelssohn-Bartholdy gehört hatte, worauf dieser fast vorwurfsvoll fragte, ob mir diese gefallen hätte. Noch 1890 meinte ein Dresdner Musikkritiker, daß es am besten sei, den ruhigen Schlußsatz von Mendelssohns 3. Orgelsonate wegzulassen.

In den folgenden zehn Jahren habe ich den größten Teil der Mendelssohnschen Orgelwerke in mein Repertoire aufgenommen und spiele sie besonders gern auf Instrumenten von Friedrich Ladegast. Als dieser nach umfangreichen Lehr- und Wanderjahren im Jahre 1846 in Weißenfels eine eigene Werkstatt gründete, war der kurze Lebensweg des Komponisten schon fast vollendet. Beide verbindet eine hohe Achtung und Aufgeschlossenheit für die Orgelkunst in der ersten Hälfte des 18. Jahrhunderts. Im sächsischen Orgelbau, insbesondere in der Leipziger Firma Mende, lebt die Silbermann-Tradition bis in die Mitte des 19. Jahrhunderts fort. Allmählich jedoch nimmt die Zahl der Grundstimmen zu, und der Klang der Oberwerke und Mixturen wird dunkler. Das läßt sich auch bei den frühen Orgeln aus der Werkstatt von Friedrich Ladegast ablesen. Die für die Kirche in Raschwitz erbaute, seit 1992 in der Michaeliskapelle des Merseburger Domes befindliche einmanualige Orgel hat als Klangkrone eine Zimbel!

Auch Felix Mendelssohn-Bartholdy kannte Orgeln des Barock und aus der Zeit der allmählichen Hinwendung zu romantischen Klangidealen. Das wird schon durch die Beschränkung auf den bei alten Instrumenten üblichen Tonumfang in seinen Kompositionen erkennbar. Wie später Johannes Brahms und Heinrich von Herzogenberg, war Mendelssohn in seinen geistlichen Chorwerken und in seinem Schaffen für Orgel von alten Kompositionstechniken beeinflußt. Geradezu eine Pioniertat bedeutete seine Wiederaufführung der in Vergessenheit geratenen Bachschen Matthäus-Passion. Trotzdem war es keine Zeit der Rückwärtsgewandtheit, sondern gerade im Orgelschaffen begann ein Suchen und Forschen nach neuen technischen Möglichkeiten wie Barkerhebel und Registercrescendo. Nachdem Friedrich Ladegast in seinen ersten Weißenfelser Jahren kaum Aufträge erhielt und sich 1849 mit dem Bau einer neuen Orgel für die Kirche in Geusa endlich für größere Arbeiten empfehlen konnte, zeigte er vier Jahre später an der Merseburger Domorgel das damals Machbare.

Meine erste Begegnung mit diesem Instrument und mit Ladegasts Schaffen überhaupt hatte ich Mitte der siebziger Jahre beim Rundfunkhören. Die damals noch längst nicht perfekte Klangqualität ließ wenig ahnen vom gewaltigen Vollklang der viermanualigen Orgel, doch in den leisen Passagen wurden edle, vielfarbige Grundstimmen hörbar.

In einem »öffentlichen« Konzert legte ich im Oktober 1983 die A-Prüfung im Fach Orgel an der Ladegast-Orgel der Marienkirche zu Weißenfels ab. Wolfgang Semrau, langjähriger Kirchenmusiker in der Stadt, die Ladegasts Wahlheimat war, und zugleich Orgeldozent an der Kirchenmusikschule in Halle, hatte mich dazu an »seine« Orgel eingeladen. Für das Programm mit Werken aus vier Stilepochen erwiesen sich die in den Jahren 1932, 1955 und 1980 vorgenommenen Dispositionsveränderungen zum großen Teil als nützlich. Weil aber auch aus räumlichen Gründen die Zahl von 41 klingenden Registern vorgegeben war, so bedeutete jede durchaus gelungene Erweiterung des stilistischen Spektrums auf der anderen Seite Verluste bei der Originalsubstanz.

Vier Jahre später wurde ich dann selbst Kantor in Weißenfels-Altstadt mit Aufgaben im Kirchenkreis. In den folgenden sieben Jahren verbrachte ich viel Zeit an, manchmal auch in der Orgel. Wer die nicht nur gut funktionierende, sondern auch ästhetisch sehenswerte Tontraktur im Inneren sehen konnte, zeigte sich beeindruckt. In den großen spätgotischen, seit mehr als 300 Jahren von barocken Bildwerken geprägten, Kirchenraum fügt sich das Orgelgehäuse harmonisch ein. Dagegen wirken die jetzigen Prospektpfeifen, billiger Ersatz für die im Ersten Weltkrieg eingeschmolzenen Originalpfeifen, optisch und auch klanglich recht matt.

Im Kirchenkreis Weißenfels stehen weitere wertvolle Orgeln von teilweise beachtlichem Alter. Leider fehlen in vielen Kirchengemeinden die erforderlichen finanziellen Mittel, um Instrumente zu pflegen oder zu restaurieren. In einigen Orten sind hoffnungsvolle Schritte getan worden.

Von den weiteren Ladegast-Orgeln in diesem Gebiet finden wir heute die – seltsamerweise in bisher allen Werkverzeichnissen fehlende – in Burgwerben in recht gutem Zustand. Dort finden auch Konzerte statt. Dagegen verbietet der bauliche Zustand einiger Kirchen durchaus notwendige Restaurierungsarbeiten.

Es bleibt zu hoffen, daß auch die Ladegast-Orgeln in Dorfkirchen, erbaut ausschließlich für den gottesdienstlichen Gebrauch und teilweise kaum für Konzerte geeignet, das Interesse finden, das sie verdient haben.

In Gottesdiensten und Konzerten konnte ich eine größere Anzahl der erhaltenen Ladegast-Orgeln hören und spielen. Andere Instrumente des Meisters fand ich verwahrlost, geplündert und vernachlässigt vor.

Möge dieses Buch weiteres Interesse an Friedrich Ladegast und seinem Schaffen wecken und zur Achtung und Bewahrung von wertvollem Gut beitragen.

Helge Schulz
war Organist in Weißenfels.
Er ist jetzt Bezirkskantor
in Zweibrücken.

Stätte des Wirkens und der Erfolge

Die Hauptsache ist,
daß man ein großes Wollen habe
und Beharrlichkeit besitze,
es auszuführen;
alles übrige ist gleichgültig!
Goethe

MARTIN SCHMAGER

WEISSENFELS –
IM SPIEGEL DER GESCHICHTE

Zwischen der Thüringer Pforte und jenem weitgeschwungenem Bogen, mit dem die Saale endgültig nach Norden austritt in die breite Ebene des Anhaltisch-Elbischen, liegt eine der ältesten kulturgeschichtlichen Landschaften der Deutschen – ein Stück Kultur, ein Stück Geschichte, über die, scheint es, die Schatten gefallen sind – Schatten des Vergessens.

So beginnt der Schriftsteller Martin Gregor-Dellin die liebevolle Beschreibung seiner Vaterstadt und Landschaft. Auf halbem Wege zwischen München und Berlin, also mitten in Deutschland, liegt Weißenfels. Eine Stadt mit mehr als 800 Jahren Geschichte – guten und schlechten Zeiten. Landschaftlich reizvoll gelegen im Saaletal nur wenige Kilometer hinter der Unstrutmündung bei Naumburg, aber auch nur wenige Kilometer vor dem großen Chemiewerk von Leuna/Merseburg.

Die Kreuzung wichtiger Handelsstraßen an einem Saaleübergang führte um 1185 zur Stadtgründung. Eine günstige Verkehrsanbindung ist bis heute ein wichtiger Standortfaktor für diese Stadt. Städte verändern ihr Gesicht, manchmal zu ihrem Vorteil, manchmal eher schmerzhaft. Schmerzhaft für Weißenfels ist der Verlust des Geburtshauses von Rosine Bäts – der Mutter Richard Wagners, des Gasthofes der Eltern von Heinrich Schütz und der Werkstatt des Orgelbaumeisters Friedrich Ladegast – abgerissen im real existierenden Sozialismus.

Aber zum Glück hat sich dennoch genügend Sehenswertes erhalten. Zeugen glanzvoller und trauriger Tage – aus »uralten Zeiten« ein Stück Stadtmauer mit Turm, das ehemalige St.-Klaren-Kloster und die Stadtkirche natürlich. Hoch über der Stadt ein Schloß, anstelle einer alten Burg, die im 30-jährigen Krieg zerstört wurde. An diese auch für Weißenfels schweren Jahre nach 1618 erinnert eindrucksvoll das »Geleitshaus«. In dieses prächtige Bürgerhaus der Renaissancezeit wurde der König Gustav II. Adolf von Schweden, nach seinem Tod im nur wenige Kilometer entfernten Lützen, überführt. Hier wurde sein Leichnam geöffnet und für die Heimkehr nach Schweden präpariert.

Nur einige Häuser weiter trifft man auf das Wohnhaus eines Zeitgenossen des Schweden: Heinrich Schütz. Es ist das weltweit einzig erhaltene Originalgebäude, in dem der »Vater der deutschen Musik« gelebt und gearbeitet hat. In den üblichen Kurzbiographien des Komponisten taucht Weißenfels nicht auf, obwohl er in dieser Stadt seine Kindheit erlebte und so oft nur möglich seine Eltern besuchte. Hier verbrachte er seinen Ruhestand, immerhin die letzten 21 Jahre seines Lebens. Alle großen Alterskompositionen sind hier entstanden. Heinrich Schütz war es, der die deutsche Musikkultur über den 30jährigen Krieg hinweg rettete.

Indirekte Folge dieses Krieges war eine Kursächsische Erbteilung 1656. Dadurch wurde Weißenfels eine richtige Residenzstadt. Als Regierungssitz für sein kleines Herzogtum Sachsen-Weißenfels ließ August, zweiter Sohn des Kurfürsten, eine gewaltige frühbarocke Dreiflügelanlage errichten und gab ihr seinen Namen: Schloß Neu-Augustusburg. Baumeister Johann Moritz Richter setzte damit einen wichtigen Meilenstein in der mitteldeutschen Schloßarchitektur.

Leider nur einige Jahrzehnte sollte hier eines der interessantesten kulturellen Zentren Deutschlands bestehen. Vor allem im Bereich der Musik, speziell der frühdeutschen Oper, konnten einzig Braunschweig und Wolfenbüttel mit Weißenfels konkurrieren. Wen wundert das bei solchen Namen wie Johann Philipp Krieger, der 40 Jahre Hofkapellmeister war, Johann Sebastian Bach als Hofkapellmeister im Nebenamt, Georg Philipp Telemann komponierte Opern für Weißenfels, und das musikalische Talent von Georg Friedrich Händel wurde an der Schloßkirchenorgel entdeckt. Diese Reihe läßt sich fortsetzen mit Fasch, Hainichen, Kaiser, Beer, Neumeister und der »Neuberin« – aber das wäre schon ein anderes Buch über Weißenfels. 1746 starb der letzte Herzog von Sachsen-Weißenfels. Da er keine männlichen Erben hatte, fiel alles an Kursachsen zurück. Eine glanzvolle Residenzzeit war beendet und die Stadt wieder eine von vielen.

Auch der nächste Krieg, der dieses Mal »nur« sieben Jahre dauerte, hielt für Weißenfels wieder ein besonderes Ereignis bereit. Im Herbst 1757 nahm Friedrich der

STÄTTE DES WIRKENS UND DER ERFOLGE

*Ladegasthaus mit Gedenktafel.
© Museum Weißenfels*

*Ladegasthaus und Werkstatt, Naumburger Straße nach dem Umbau.
© Museum Weißenfels*

Große im Schloß Quartier, um wenige Tage später mit seinem preußischen Heer die Franzosen und die Reichsarmee bei Roßbach, am Stadtrand von Weißenfels, zu schlagen. Etwa 300 000 Taler Kontribution mußten die Bürger im Verlaufe des Krieges zahlen und endlose Einquartierungen über sich ergehen lassen. Nach dem Frieden zu Hubertusburg verließen die Preußen unser Territorium – aber nur bis zum nächsten Krieg, und bis dahin war noch gut 50 Jahre Zeit.

Inzwischen wurde in Sachsen die Folter abgeschafft, Rosine Bäts als Tochter eines Weißenfelser Bäckermeisters geboren, desgleichen Gottlob Samuel Mohn, der weltberühmte Glasmaler.

1787 kam Erasmus von Hardenberg, als Direktor des sächsischen Salinenamtes, mit seiner Familie in die Stadt. Einer seiner Söhne – Friedrich – macht den Namen Weißenfels in der ganzen literarischen Welt bekannt. Unter dem Pseudonym »Novalis« gilt Friedrich von Hardenberg als bedeutendster Lyriker und Prosadichter der Frühromantik. Er starb schon mit 29 Jahren und wurde in Weißenfels beigesetzt. Sein Grab, das zu seinem 100. Geburtstag (1872)

Ladegasthaus vor dem Umbau.
© *Museum Weißenfels*

mit einer Büste geschmückt wurde, befindet sich heute im Stadtpark.

»Mein liebes altes Weißenfels, in dem ich die Schulbank drückte in der ersten Bürgerschule und in dem sich mein Kindheitsparadies noch heute verkörpert. Ich habe oft auf der Steinplatte des Grabes von Novalis gespielt und meine Phantasie in das Land der Träume versetzt.« Diese Sätze schrieb eine der erfolgreichsten deutschen Autorinnen – Hedwig Courts-Mahler. Vielleicht war sie als kleines fünfjähriges Mädchen dabei, als die Novalisbüste feierlich enthüllt wurde, sie wohnte ja nur eine Straße weiter, vielleicht auch Herr Ladegast?

An dieser Stelle noch einmal ein Blick zurück. Es war wieder Krieg – 1813. Am 30. April übernachtete Napoleon in Weißenfels und schlug zwei Tage später nahe der Stadt mit seiner Armee die russisch-preußischen Truppen unter Gneisenau, York und Kutusow bei Großgörschen.

Erneut gab es Einquartierungen und Kontributionen, Not und Elend für die Stadt. Ein halbes Jahr später verbrachte Napoleon nochmals eine Nacht in Weißenfels, diesmal aber geschlagen in der Völkerschlacht bei Leipzig. Im Ergebnis des Wiener Kongresses (1815) mußte Sachsen Teile seines Territoriums abgeben, wodurch auch Weißenfels an Preußen fiel. Das kleine Städtchen mit rund 5000 Einwohnern machte sich in den folgenden Jahren auf den Weg zu einer Industriestadt. Braunkohle, Eisenbahn, Maschinenbau und Schuhindustrie sorgten für einen Anstieg der Einwohnerzahl auf 30 000 bis zur Jahrhundertwende.

Ein junger Mann, 28 Jahre, bewarb sich 1846 um das Niederlassungsrecht als Orgelbauer in Weißenfels: Friedrich Ladegast. Bis zu seinem Tod im Jahre 1905 erlebte er die Veränderung, den Aufschwung dieser Stadt. Sie dehnte sich nach allen Seiten aus, neue Stadtteile entstanden, Schulen und Brücken wurden gebaut. Gaslaternen beleuchteten die Straßen, später sogar elektrische. Ab 1889 konnte man in Weißenfels telefonieren, auch das erste Grammophon tauchte auf, und wenige Jahre später fand ein erstes öffentliches Fußballspiel statt.

Über 3000 Menschen arbeiten inzwischen allein in der Schuhindustrie und versuchen auch durch Streiks, ihre schlechten Arbeitsbedingungen zu verbessern.

Die Schriftstellerin Louise von François, die fast ihr ganzes Leben in Weißenfels verbrachte, war gestorben und auch Friedrich Nietzsche, ist unweit der Stadt, in seinem Geburtsort Röcken, beigesetzt worden.

Dieser an Geschichte so reichen Stadt wurde mit Friedrich Ladegast ein weiteres wohlklingendes Kapitel hinzugefügt.

Und wie recht hat Martin Gregor-Dellin, wenn er schreibt: »... es gibt, wie in größeren Zusammenhängen und Zeitspannen größere Kulturkreise, so auch Landstriche, Ecken und Winkel unseres geschichtlich trächtigen Raumes, die in bestimmten Zeiten ihre Aufgaben erfüllt haben und zuweilen wieder im Dämmerschlaf versinken und kulturell nur etwas bedeuten, indem sie da sind – als ein großes Erinnern an gestern, und wohl ein großes Fragezeichen für morgen, wenn neue Generationen die Zeichen und Winke der Geschichte neu entdecken, neu verstehen und auslegen.«

Martin Schmager
Museum Weißenfels, Mai 1997

Ein Brief von Friedrich Ladegast mit folgendem Inhalt:
Weißenfels, den 29. 1. 1856.
Hochwürdigster Herr Pastor!
Anbei beehre ich mich Ihnen die Zeichnung zu einer neuen Orgel für Ihre Kirche ganz ergebenst mit der Bitte einzusenden, selbige nach vorheriger Einsicht der königlichen Regierung zu Merseburg zur Revision einzureichen, in Ihrem Bericht an die königliche Regierung wollen Sie gefälligst dasjenige aus meinem Anschlage mit beifügen, was über das Gehäuse gesagt ist, auch der Preis muß angegeben sein, auch daß das Gehäuse circa 7,5 Fuß tief wird, damit der Baurat einen genauen Überblick über das Ganze gewinnen kann. Ich hoffe, daß die Zeichnung Ihren Wünschen, sowie den der Gemeinde entsprechen wird.
Mit vorzüglicher Hochachtung.
Ew. Hochwürden ganz ergebenster
Friedrich Ladegast
Orgelbauer

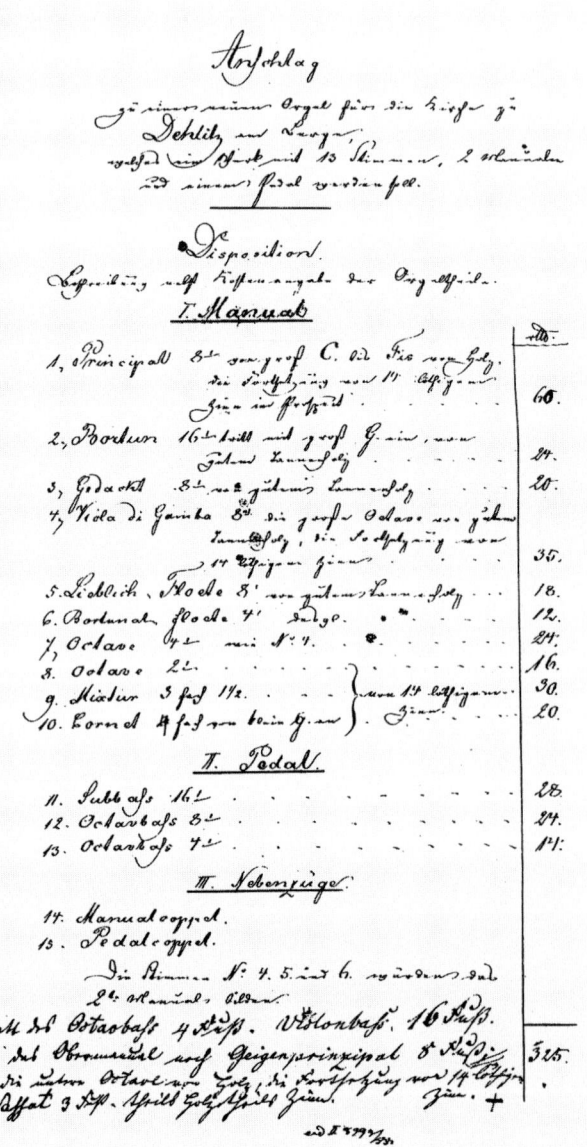

Ein Kostenvoranschlag aus dem Hause Ladegast für die Kirche zu Dehlitz

Der lange Weg zur Meisterschaft des Orgelbaus

Aller Anfang ist heiter.
Die Schwelle ist der Platz der Erwartung.
Der Knabe staunt, der Eindruck bestimmt ihn, er lernt spielend, der Ernst überrascht ihn.
Goethe

VERSCHÜTTETE QUELLEN DER FAMILIEN-GESCHICHTE

Die Geschichte kennt viele Beispiele aus Musik, bildender Kunst, Forschung und Wissenschaft, bei denen Erbanlagen die Wege genialer Menschen vorgezeichnet zu haben scheinen. Als Beispiele seien nur im Bereich der Musik die Familie der Bach, im Bereich von Wissenschaft und Politik die von Weizsäcker genannt. Es läßt sich aber kaum unterscheiden, welchen Anteil am Lebenswerk Erbanlage, Förderung und Anregung durch die Umgebung und die eigene Leistung – diese ist in keinem Fall zu unterschätzen – hatten.

Daneben werden aber auch große Leistungen von jemandem vollbracht, der unvermittelt in eine Familie hineingeboren wurde, die bisher nicht hervorgetreten war. Hier ist es kaum möglich, die verschlungenen Wege zu verfolgen, die zu dieser Begabung geführt hatten. Hier läßt sich alles nur auf eigene Leistung, teilweise auch auf frühe Entdeckung und Förderung der angelegten Begabung zurückführen. So war dies auch bei Johann Friedrich Ladegast. Konnte man bei dem Kind eines Handwerkers und seiner, zwar musisch interessierten, aber einfachen Frau ein schlummerndes, in den Erbanlagen ruhendes Genie vermuten? Ganz sicher nicht. Aber es sollte sich herausstellen, daß sie ihm seine Gene Intelligenz, Zielstrebigkeit und die Kraft zum Kampf für ein Ziel mitgegeben haben.

Es fehlt jedoch an Quellen, solche Spekulationen weiter zu verfolgen. Denn das Ladegastsche Familien- und Firmenarchiv ist leider verschollen. Wahrscheinlich sind die Firmen- und Familienpapiere nach Auflösung des Betriebes verlorengegangen oder in alle Winde verstreut worden, im Grunde das »normale« Schicksal von »privaten« Archivalien. Dieses bedauerliche Manko führt dazu, daß alles Wissenswerte über die Familie, die Firma, das Lebensumfeld und die Lebensumstände von Friedrich Ladegast und den Seinen aus vielen verstreuten Quellen zusammengesucht werden muß und daß man häufig auf Berichte vom Hörensagen zurückgreifen muß. Es wäre ein großer Glücksfall, wenn wenigstens Teile dieser Akten irgendwo wieder auftauchten. Herausgeber und Verlag nehmen gern Anregungen und neue Quellen entgegen. Besonders anläßlich des 175. Geburtstages von Friedrich Ladegast im Jahr 1993 haben Festkonzerte und Gedenkveranstaltungen stattgefunden. Wir sind daher davon überzeugt, daß das Werk von Friedrich Ladegast im Kreise der Orgelfreunde noch überaus lebendig ist. Daher könnten sich vielleicht auch Bewunderer der Ladegastschen Klangwelt dazu angeregt fühlen, uns Material zu überlassen.

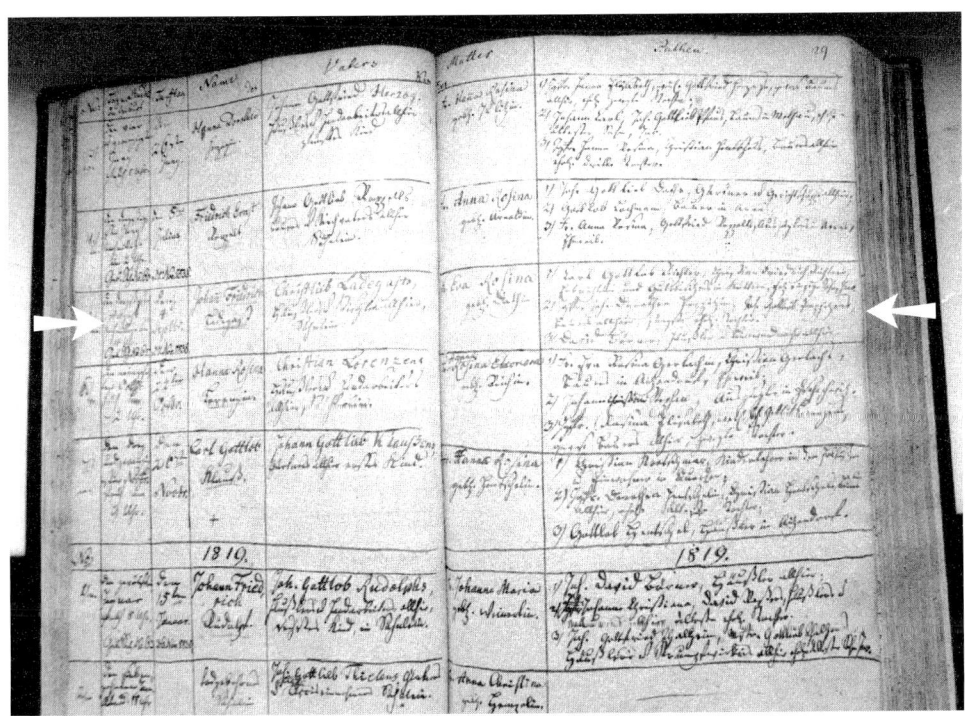

Auszug aus dem Geburtenregister

JOHANN FRIEDRICH – DAS BEGABTE KIND

Am vorletzten Augusttag des Jahres 1818 wurde in Hochhermsdorf, heute als Hermsdorf ein Ortsteil von Zettlitz, das achte Kind des Zimmermanns und Röhrmeisters Johann Christlieb Ladegast und seiner Frau Eva Rosina geboren. Die Eltern nannten den Jungen Johann Friedrich. Was mag mit diesem Kind in der Wiege geschlummert haben? Intelligenz, Kraft, Unternehmungsgeist, vielleicht sogar Genialität? Sicher gab es im biederen Handwerkerhaus keine Überlegungen dieser Art.

Der Geburtsort Hochhermsdorf liegt inmitten des Königreichs Sachsen, etwa 70 km südwestlich von Leipzig, 40 km nördlich von Chemnitz. Die nächsten bedeutenderen Orte sind Geringswalde und Rochlitz. Noch 1894, also fast 80 Jahre nach Friedrich Ladegasts Geburt, zählte Hochhermsdorf gerade 328 Einwohner. Der Knabe wurde in eine schwierige Zeit hineingeboren. Fünf Jahre zuvor, im Jahre 1813, war das Königreich Sachsen ein Hauptschauplatz jener Feldzüge und Truppenbewegungen Napoleons und der gegen ihn verbündeten Mächte gewesen, die im Oktober in der Völkerschlacht bei Leipzig ihren Höhepunkt hatten. Durch Kampfhandlungen und Durchmärsche eigener, feindlicher und »verbündeter« Truppen waren vor allem die Orte an den großen Heerstraßen schwer mitgenommen worden, doch auch die abseits gelegenen Dörfer und Städte bekamen die Belastungen des Krieges zu spüren. Für den Alltag der Einwohner war von geringerer Bedeutung, daß das Königreich Sachsen auf dem Wiener Kongreß 1815 über die Hälfte seines Gebietes an Preußen hatte abtreten müssen. Für Friedrich Ladegast wirkte sich dies später so aus, daß Weißenfels, der Ort, in dem er sich endgültig niederließ, eigentlich Ausland war. Die wirtschaftliche Erholung von den Folgen von Krieg und Besetzung ging nur langsam voran. Denn mit dem Sieg der Allianz war auch die napoleonische Kontinental-Sperre weggefallen, die Industrie und Gewerbe, auch das blühende Textilgewerbe Sachsens, vor dem aufstrebenden England abgeschirmt hatte.

Der kleine Friedrich – er bekam noch weitere fünf Geschwister – war eingebunden

Gedenktafel am Geburtshaus in Hermsdorf

in eine große, fröhliche Familie. Man lebte bescheiden, aber die tüchtige Mutter verstand es nicht nur, dreizehn hungrige Mäuler zu stopfen, sondern darüber hinaus in der kleinen Stube ihre Liebe zur Musik an die eigenen und fremde Kinder weiterzugeben. Sie selbst hatte sich in jungen Jahren am Orgelspiel versucht. Nun hatte sie andere Pflichten und war glücklich darüber, daß die junge Schar um sie herum in der Musik die Freude ihrer eigenen Jugend empfand. Was machte es schon, daß diese Musikalität manchmal recht seltsame und lautstarke Ausdrucksformen fand? Die Kinder veranstalteten ihre Konzerte mit Flöten und Trompeten, aber auch mit Töpfen und Kochlöffeln. Schöner war freilich der Klang der Kirchenglocken und das musikalische Gebet der Orgel beim sonntäglichen Gottesdienst.

Die Mutter hatte ihre Liebe zur Musik an ihren Sohn weitergegeben. Der zweite große Einfluß war die Arbeit des Vaters. Im Haus des Zimmermanns roch es nach Holz, und den Umgang mit diesem Material lernte der kleine Friedrich zwangsläufig im Kinderspiel mit kleinen Händen. Es faszinierte ihn, was der Vater da als Rohrmacher zu tun hatte: Er mußte Rundhölzer aushöhlen, die, zu Röhren zusammengefügt, zu Wasserleitungen wurden. Von Zisternen auf Anhöhen bei Dörfern und Siedlungen versorgten diese Holzrohrleitungen die Brunnen und manchmal schon einzelne Haushalte direkt.

Der Vater brachte oft Röhrenabfälle mit nach Hause, die die Mutter im Küchenherd verfeuerte. Friedrich machte im Spiel mit diesem Holz eine aufregende Entdeckung: Wenn man in eine solche Röhre kräftig hineinbläst, kommt da ein Ton! Und der wird tief und vibrierend, wenn die Röhre dick und lang ist, aber hell und hoch bei einer kurz und dünn geschnittenen! Das Kinderspiel sollte im Kopf des Jungen Weichen für die Zukunft des Mannes stellen...

Natürlich hatte Friedrich wie all seine Geschwister Pflichten im großen Haushalt der Ladegasts. Zur kleinen Landwirtschaft, die nebenbei betrieben wurde, gehörten Schafe und Gänse, die der kleine Friedrich zu hüten hatte. Das war ihm sehr recht. Es gefiel ihm, aus der großen Gruppe der Geschwister

Geburtshaus in Hermsdorf

auszuscheren und sein eigenes Leben zu haben, für das die anderen wenig Verständnis hatten. Dabei konnte er ausgiebig und ungestört mit Röhrentönen experimentieren. Er schnitt Weidenhölzer unterschiedlicher Größe und Dicke, höhlte sie aus und fand das Blasen praktischer, wenn man ein Mundstück einschnitzte. Er wußte vom Intellekt und der Schulung her sicher nichts vom antiken Vorbild der Panflöte; aber einer Intuition und seinen Interessen folgend, die das Besondere suchten, brachte er in seine Röhren kreisrunde Löcher ein. Eine Flöte entstand in einem intelligenten Kinderspiel, bei dem sich ungewöhnliches handwerkliches Geschick und Liebe zur Musik zusammenfügten.

Die Hingabe an diese beiden Pole seines Kinderlebens machte ihn zu einem Eigenbrötler, der ernsthafter und stiller war als seine Altersgenossen und seine Geschwister. Inmitten des meist chaotischen Familiengeschehens suchte er sich ruhige Plätzchen. Ganz in der Ecke des Hauses, in dem auf Strohsäcken die Schlafstätten der Kinder hergerichtet waren, war sein Refugium. Dort zeichnete er besonders geliebte Tonfolgen in einer nur ihm verständlichen Notenschrift auf, sinnierte und hing Klängen nach, die sein Inneres wahrnahm. Vielleicht waren es sogar vor allem Orgelklänge, wie sie ihn in der Kirche in eine andere Welt trugen. Und dann zeichnete er heimlich bei Kerzenlicht, was die Mutter natürlich verboten hatte, Orgeln und immer wieder Orgeln, wie sie der Bruder baute und wie er sie einmal größer und schöner bauen wollte, wenn er erwachsen sein würde...

So oder so ähnlich kann man sich Friedrich Ladegasts Entwicklung in der Kindheit vorstellen, die ihn schließlich zum Orgelbau führte. Doch fehlen uns dafür die Beweise. Vielleicht war alles auch ganz anders...

EIN SCHÜLER MIT KLAREN ZIELEN

Aber bis dahin war noch ein weiter Weg. Zunächst einmal begann mit der Schulzeit eine zweite wichtige Epoche in Friedrichs Leben. Er war ein lernwilliger und wißbegieriger Schüler, dessen überdurchschnittliche Begabung von einem verständnisvollen Lehrer schnell erkannt wurde. Seinen Kameraden um Längen voraus, schien er manchmal im Unterricht gelangweilt und unaufmerksam. Hatte er doch den Stoff, der da behandelt wurde, oft schon längst selbst erarbeitet! Auch wenn er manchmal vor die Tür geschickt werden mußte, damit die Mitschüler nicht gestört wurden, wußte der fähige Pädagoge, daß es sich bei diesem Jungen keineswegs um Desinteresse am Lernen handelte, sondern um die Unterforderung eines hochintelligenten jungen Menschen, dessen Gaben herauszufordern und zu fördern waren. Die Klavierstunde beim Lehrer Böttcher in Zettlitz war dazu ein probates Mittel, dem sich Friedrich mit Begeisterung widmete. Bald wurde die laute Kindermusik in der Stube der Ladegasts durch echte Hausmusik abgelöst. Mutter und Friedrich spielten Klavier, die Geschwister Geige, Flöte und Zimbel, und wer kein Instrument beherrschte, trug mit Gesang zum Hauskonzert bei. Vor allen Dingen an Feiertagen und zu festlichen Familienanlässen waren diese Stunden Höhepunkte im Leben der Familie, deren Niveau weit über dem des damaligen Handwerkerstandes lag – und das nicht zuletzt wegen des Sohnes Friedrich.

Wie der Dorfschullehrer wurde auch der Pfarrer auf sein ungewöhnlich begabtes Gemeindemitglied aufmerksam. Das bestätigte sich an einem Sonntag, als kurz vor dem Gottesdienst der Kantor plötzlich erkrankte. Wer sollte jetzt die Orgel spielen? Da zeigte es sich, daß der junge Friedrich außer ungewöhnlichen Begabungen auch Mut und Ehrgeiz in sich trug. Spontan erbot er sich, den Kantor zu vertreten – zum Entsetzen der Mutter, die eine Blamage vor der ganzen Dorfgemeinde befürchtete. Der Vater hatte keine Einwände – er wußte wohl, daß in seinem Sohn mehr steckte als viele vermuteten. Es wurde ein Orgelspiel, das zwar nicht ganz fehlerfrei, aber mit so viel Inbrunst und Andeutungen großer Könnerschaft vorgetragen war, daß es die Gemeinde als klingendes Gebet empfand.

Im Verlauf der folgenden Jahre brachte es Friedrich Ladegast im Orgelspiel immerhin so weit, daß er später seinen Schwiegervater, einen Organisten, auf der Orgel in Weißenfels vertreten konnte und gelegentlich in kleinem Kreis die von ihm gebauten Orgeln vorführte.

Während Friedrich Ladegast aus den Kinderschuhen ins Jünglingsalter wuchs, zeichnete sich immer deutlicher ab, wie aus den Rohlingen begnadeter künstlerischer, musikalischer und handwerklicher Begabung Edelsteine entstehen würden. Es sollte kein durch Geburt und Umfeld vorgezeichneter, sondern ein erarbeiteter, erkämpfter Weg werden. Meilensteine waren ein starker Wille, Fleiß, Idealismus und Perfektionismus. Und über allem stand das eine Ziel des jungen Mannes: Ich will Orgelbauer werden...

LEHRE UND DAS ERSTE WERK

Der Weg zu seinem Ziel, ein großer Orgelbauer zu werden, begann für Friedrich Ladegast nach der Konfirmation mit dem 14. Lebensjahr in Geringswalde, einer kleinen Stadt, die 1834 2252 Einwohner zählte und in unmittelbarer Nachbarschaft des Heimatorts Hochhermsdorf liegt. Dort betrieb der fünf Jahre ältere Bruder Christlieb als Orgelbauer eine kleine Werkstatt. Später – wann, ist nicht genau zu ermitteln – gab Christlieb seine Werkstatt auf und war von 1867 bis 1869 Mitarbeiter bei Urban Kreutzbach in Borna, einem Meister, der auch für Friedrichs Werdegang eine Rolle spielen sollte. Christlieb wurde später führender Mitarbeiter bei seinem jüngeren Bruder Friedrich in Weißenfels.

Auf jeden Fall waren für den jungen Lehrling die Möglichkeiten gegeben, das erste Rüstzeug für seinen Beruf zu erwerben. Es muß eine erfolgreiche Lehre gewesen sein; denn schon als 20jähriger schuf er 1838 sein erstes Instrument, eine einmanualige Orgel mit neun Registern für Tanneberg, ein kleines Dorf an der Zschopau, etwa 10 km südlich von Geringswalde. Diese Orgel ist 1882 von Friedrich Ladegast umgebaut und erweitert worden und hat verändert fast 160 Jahre überdauert.

Ein Jahr später entstand sein dreiregistriges Positiv für Halle. Für den jungen Mann stand fest, daß er Größeres schaffen, daß er über das Wirken des Bruders hinauswachsen wollte. Und irgendwann würde er ein selbständiger Meister sein, der im eigenen Betrieb das Sagen hat, Weichen stellt, nach denen seine hochgesteckten Ziele der Orgelbaukunst verwirklicht werden. Er war bereit, dafür jedes Opfer zu bringen, an sich und seinem Wissen zu arbeiten, um die Voraussetzungen zu schaffen, die andere mit Herkunft und Studium mitbringen.

WANDERJAHRE VOLLER WISSENSDURST

Diese beiden selbständigen Arbeiten bedeuten offenbar den Abschluß der Lehrzeit. Danach wollte Friedrich Ladegast offenkundig neues Wissen und Erfahrungen sammeln. Vielleicht konnte er in der Werkstatt seines Bruders nichts mehr lernen. Seine Wanderjahre, die zugleich Studienjahre werden sollten, begannen. Sie führten ihn zunächst zu den führenden sächsischen Orgelbauern. Bei Johann Gottlieb Mende, seit 1820 in Leipzig, Urban Kreutzbach, seit 1830 in Borna ansässig, und bei Meister Zuberbier in Dessau gab es viel zu sehen und zu lernen. Private Förderer erlebten in Friedrich Ladegast nebenbei einen intelligenten und lernfreudigen Schüler. Kenntnisse der Mathematik, wie sie für den Orgelbau gebraucht werden, fielen dem jungen Gesellen nicht in den Schoß. Aber Fleiß und Begabung und das große Ziel waren Ansporn genug. Wie bei allen Schritten seiner Entwicklung nahm er auch diese Hürde im Bewußtsein, daß Erfolg erarbeitet und erkämpft werden muß.

In den sächsischen Orgelbauwerkstätten wurde die Silbermann-Tradition in Ehren gehalten, und so bekam es Friedrich Ladegast mit den wertvollen Orgeln in Sachsen zu tun, die zu restaurieren waren. Die Arbeit faszinierte ihn. Eifrig und wißbegierig studierte er bei der Restaurierung die Mensuren, die Intonation und die Bauweise der Orgeln des großen Gottfried Silbermann. Schon bald hatte er die Kompetenz, in alten

Orgel in der Kirche Tanneberg, Op. 1, I/9, 1838.
© Kirchgemeinde Tanneberg

sächsischen Orgeln Intonation auf gestochenem Kern zu erkennen und später das Zinnpfeifenwerk der Schweriner Domorgel nach Silbermannschen Prinzipien anzufertigen. Vielleicht hat Friedrich Ladegast im Laufe seiner Wanderjahre während seiner Tätigkeit bei Urban Kreutzbach auch die berühmte Hildebrandt-Orgel – Zacharias Hildebrandt war ein Schüler von Gottfried Silbermann – in Störmthal kennengelernt. Diese Orgel wurde nämlich von Urban

Kirche Tanneberg: Hier steht nur wenig verändert seit 1839 Friedrich Ladegasts erste Orgel

Kreutzbach im Jahre 1840 gründlich überholt. Mit dem fachlichen Wissen und dem technischen Können wuchs möglicherweise in dem jungen Orgelbauer der Drang, seinen beruflichen und persönlichen Horizont in der Fremde zu erweitern, Erfahrungen zu sammeln. Es war sicher kein Zufall, daß er dabei Straßburg anvisierte, ein weiteres Zentrum der Silbermann-Nachfolge. Dort arbeitete er in der Werkstatt von Martin Wetzel, der als Schüler des Silbermannschen Gesellen Conrad Sauer 1786 beim Tode von Johann Josias Silbermann dessen Werkstatt übernommen hatte. Die Wetzelsche Werkstatt betreute die Straßburger Silbermann-Orgeln, so daß der junge Sachse hier in noch unmittelbarere Berührung mit der Klangwelt des Andreas Silbermann, des Bruders und Lehrmeisters von Gottfried Silbermann, kam.

Es wird vielfach berichtet, daß Paris die letzte Station der beruflichen Wanderschaft gewesen sein soll. Er hatte in Straßburg Aristide Cavaillé-Coll, den bedeutendsten Orgelbauer Frankreichs im 19. Jahrhundert, kennengelernt. Aus der freundschaftlichen wurde vielleicht eine berufliche Verbindung. Einige Jahre lang arbeitete Friedrich Ladegast bei Aristide Cavaillé-Coll. Der rege Gedanken- und Erfahrungsaustausch ließ Elemente des französischen Orgelbaus in die Konzepte von Friedrich Ladegast einfließen. Unverkennbar ist der Einfluß des französischen romantischen Orgelbaustils in der Gravität des Plenums, dem Farbenreichtum der Aliquote und der Charakter des Zungenklangs. Neuere Forschungen gehen allerdings davon aus, daß Friedrich Ladegast und Aristide Cavaillé-Coll sich in den 1860er Jahren bei einer Studienreise in Frankreich kennengelernt haben.

Aristide Cavaillé-Coll, der berühmte französische Orgelbauer, ein wertvoller Kollege und Freund

SELBSTÄNDIG – EIN TRAUM WURDE WAHR

Als Orgelbauer erfahren und als Persönlichkeit gereift, kehrte Friedrich Ladegast 1846 in die Heimat zurück und wandte sich nach Weißenfels, einer Kreisstadt im Regierungsbezirk Merseburg der preußischen Provinz Sachsen. In dieser hatte das Königreich Preußen die bereits durch den Westfälischen Frieden 1648 erworbenen Bistümer Magdeburg und Halberstadt mit den durch den Wiener Kongreß hinzugekommen ehemals sächsischen Gebieten um Wittenberg, Merseburg und Naumburg zusammengefaßt. Nach 1945 übrigens wurde aus der Provinz Sachsen und den ehemaligen anhaltinischen Fürstentümern das Land Sachsen-Anhalt geschaffen. Bis 1746 war Weißenfels Residenz des Herzogtums Sachsen-Weißenfels, einer Nebenlinie des kursächsischen Fürstenhauses gewesen, mit allen Gewerben und Einrichtungen, die ein kleiner Hof benötigte. Danach war es jedoch zu einer gewöhnlichen Ackerbürger- und Gewerbestadt geworden. Unter preußischer Herrschaft war Weißenfels in einer stürmischen Wandlung begriffen. Von 5101 Einwohnern im Jahr 1816 sollte es bis zum Ende des Jahrhunderts auf fast 24000 Einwohner wachsen. Als Friedrich Ladegast in Weißenfels ankam, waren unterhalb des mächtigen, frühbarocken Schlosses die alten Stadttore und der Galgen an der Naumburger Straße verschwunden. Nach Merseburg und Zeitz führten jetzt neue breite Straßen, und die Eisenbahn, die im Sommer 1846 zum erstenmal in Weißenfels Halt machte, begann ihren Siegeszug und veränderte maßgeblich die Lebensgewohnheiten der Menschen.

Was aber Weißenfels von den normalen Ackerbürger- und Gewerbestädten unterschied, waren seine Bildungseinrichtungen. Seit 1664 gab es in seinen Mauern ein bedeutendes Gymnasium, das die Herzöge sogar zu einer Universität hatten ausbauen wollen – was jedoch die sächsischen Kurfürsten zu verhindern wußten. Zu Ladegasts Zeit bedeutender war das 1794 gegründete Lehrerseminar, vor allem seit es seit 1822 unter der Leitung des Pädagogen Dr. W. Harnisch zu dem preußischen »Schulmeisterhauptquartier« ausgebaut wurde. Maßgebenden Anteil daran hatten der um die Ent-

Etablissement.

Daß ich mich als Orgelbauer und Instrumentmacher hier niedergelassen habe, zeige ich ergebenst an. Ich bitte um geneigtes Vertrauen, dessen ich mich stets durch strengste Reellität würdig machen werde.

Weißenfels, den 5. Februar 1847.
Friedrich Ladegast,
wohnhaft bei dem Mehlhändler Hrn. Ritter vor dem Saalthore.

Weißenfelser Kreisblatt, 13. Februar 1847.
Geschäftseröffnung: Orgelbauer Friedrich Ladegast. © Museum Weißenfels

wicklung des Mathematik- und Musikunterrichts verdiente Ernst Julius Hentschel und Moritz Hill, der Reformator des Gehörlosenunterrichts.

In dieser Stadt verwirklichte der jetzt 28jährige Friedrich Ladegast im Jahr 1846 seinen Traum von der Selbständigkeit: Er gründete seine eigene Orgelbaufirma, mit der er seine Pläne der Orgelbaukunst in die Tat umsetzen wollte. Zu diesem wichtigen Schritt in eine neue Lebensphase ermutigte ihn der Pädagoge am Weißenfelser Lehrerseminar, Ernst Julius Hentschel. Um ein derartiges Unternehmen überhaupt gründen zu können, war eine Niederlassungserlaubnis notwendig, wozu er das folgende – im Stil der Zeit etwas umständliche – Gesuch an den Stadtrat richtete: »Der Orgelbauer und Instrumentenmacher Johann Friedrich Ladegast aus Hochhermsdorf im Königreiche Sachsen, bittet ›unterthänigst‹ um Niederlassung als Orgelbauer in Weißenfels und legt zu diesem Behufe benöthigte Papiere, als den Geburtsschein, ein Auswanderungszeugnis und sechs Attestate, mit A bis F bezeichnet, hiermit bei. Ich, der Unterzeichnete, 5ter Sohn des Hausbesitzers und Röhrmeisters Christlieb Ladegast in Hochhermsdorf bei Rochlitz im Königreiche Sachsen, bestimmte mich nach geschehener Confirmation ein Orgelbauer und Instrumentenmacher zu werden, da ich hierzu Neigung und Talent verspürte, und trat deßhalb bei meinem älteren Bruder, einem Orgelbauer, in die Lehre, bei dem ich später als Gehilfe arbeitete und hierbei Gelegenheit fand, ein kleines Orgelwerk schon selbständig zur Zufriedenheit zu fertigen und aufzustellen, wie beiliegendes Zeugniß, mit B bezeichnet, darthut. Um mich aber weiter auszubilden trat ich in die Dienste des durch seine vielfach erbauten Orgelwerke bekannten Orgelbauers Kreutzbach in Borna, wo selbst ich bei einem 3jährigen Aufenthalte bei den stattfindenden Neubauten von größeren Orgelwerken vielfache Gelegenheit fand, mich zu vervollkommen, so wie auch in Leipzig bei Herrn Mende, wo ich namentlich bei Privatkunden in der für einen Orgelbauer so benöthigten Mathematik mir ausreichende Kenntnisse verschaffte. Da ich bald darauf einen Ruf als Gehilfe zu dem Hoforgelbaumeister Zuberbier in Dessau erhielt, so folgte ich nun sehr gern demselben, um mich allseitig auszubilden. Ob mir dieß gelang und wie ich in moralischer Hinsicht mich betrug, dieß besagen die beiliegenden mit A bis F bezeichneten Zeugnisse.

Da ich nun aber in ein Alter getreten bin, wo man sich nach Selbständigkeit sehnt, auch Kraft und Geschicklichkeit in mir fühle, als Orgelbauer ehrenvoll aufzutreten und zu bestehen, in hiesiger Stadt aber ein dergleichen Berufsgenosse sich noch nicht vorfindet, ich auch als früherer Gehilfe bei Kreutzbach mit der Umgegend vertrauet bin und Weißenfels mir vor anderen Städten lieber ist, so wage ich die bescheidene Bitte:
Ein Hochgelehrter und Hochweiser Stadtrath zu Weißenfels wolle so gütig sein und mich als Orgelbauer und Instrumentenmacher unter die Zahl der getreuen Bürger auf und an nehmen.

Die dazu benöthigten Schriften, als ein Geburtsschein, ein Auswandererzeugnis nebst 6 Stück Zeugnisse liegen hiermit bei, so wie die dazu erforderlichen gesetzlichen Dreihundert Thaler Vermögensgelder von mir jederzeit theils baar, theils in Dokumenten aufgewiesen und deponieret werden können.

In der Hoffnung einer recht baldigen und günstigen Resolution, um die ich zugleich hiermit ›günstigst‹ bitte, da im Falle einer abschlägigen Antwort mir zwei weitere Städte in hiesiger Nähe erbötig sind, unterzeichne ich mit der Höchsten Ehrerbietung als Ew. Hochgelehrten und Hochweisen Stadtrathe Hochhermsdorf bei Rochlitz im Königreiche Sachsen, am 30. August 1846 unterthänigster:
Johann Friedrich Ladegast
Orgelbauer und Instrumentenmacher«

Der Wortlaut des Gesuches zeigt, daß die Bedingungen für eine Niederlassung in Weißenfels streng waren. Dies war jedoch allgemein üblich zu jener Zeit. Städte und Gemeinden wollten unter allen Umständen vermeiden, Einwohner aufzunehmen, die ihnen später aufgrund ihrer wirtschaftlichen Schwäche zur Last fielen. Deswegen wurde von neu Zuziehenden neben Papieren, wie Geburts- und Auswanderungszeugnis (aus diesem ging hervor, daß seitens der ursprünglichen Heimat keinerlei Ansprüche bestanden) sowie Befähigungsnachweisen, der Nachweis von Vermögenswerten gefordert. Die geforderten dreihundert Taler waren eine erhebliche Summe (5650,– DM nach heutigem Geld), die in ländlichen Gemeinden durchaus für den Erwerb eines Hauses ausreichte. Ein Tagelöhner mußte damals mindestens eine ganze Woche arbeiten, um einen Taler zu verdienen. Nicht notwendig für ein solches Gesuch war offenbar die vollständige Darlegung des beruflichen Werdegangs. Denn sonst hätte sich Friedrich Ladegast nicht darauf beschränkt, sich auf seine Lehr- und Gesellenzeit bei renommierten Orgelbauern der Region zu berufen, sondern er hätte auch auf seine in Straßburg und Paris gesammelten Erfahrungen hingewiesen. Wie dieses Stillschweigen über die Straßburger und Pariser Lehrjahre zu verstehen ist, kann man heute nicht mehr feststellen. Auch in anderen offiziellen Dokumenten fehlen diese Angaben. Friedrich Ladegast hat möglicherweise tatsächlich erst anläßlich einer Studienreise zur Vorbereitung des Baus der Orgel in der Leipziger Nikolaikirche im Jahr 1857 mit Aristide Cavaillé-Coll Verbindung aufgenommen.

Dem Gesuch wurde entsprochen und im Februar des folgenden Jahres war es im Weißenfelser Kreisblatt zu lesen:
»Daß ich mich als Orgelbauer und Instrumentenmacher hier niedergelassen habe, zeige ich ergebenst an. Ich bitte um geneigtes Vertrauen, dessen ich mich stets durch strengste Reellität würdig machen werde.
Weißenfels, den 5. Februar 1847
Friedrich Ladegast
Wohnhaft bei dem Mehlhändler Herrn Ritter vor dem Saalthore«.

Noch hatte Ladegast also kein eigenes Haus erworben, sondern sich in der Vorstadt zur Miete niedergelassen.

Der gestandene Mann und seine Werke

Die Nachahmung ist uns angeboren.
Das Nachzuahmende
wird nicht leicht erkannt.
Selten wird das Treffliche gefunden,
seltener geschätzt.
Goethe

IN SCHWIERIGEN ZEITEN AUF DER ERFOLGSLEITER

Erfolgreiche Lehre, Arbeit an berühmten Orgeln, Erfahrungen in der Fremde und nun die Selbständigkeit im eigenen Unternehmen – Friedrich Ladegast schien am Ziel seiner beruflichen Wünsche zu sein. Aber es war erst ein Anfangserfolg. Dem jungen Unternehmer standen zum Erfolg noch viele Hürden im Weg. Die Empfehlungen des hoch angesehenen Musikpädagogen Ernst Julius Hentschel waren zwar eine gewichtige Protektion, aber sie verhalfen nicht zum geschäftlichen Durchbruch, zumal das wirtschaftliche Umfeld ungünstiger denn je war. Eine Hungersnot, deren Höhepunkt in allen Regionen Deutschlands in das Jahr 1847 fiel, zwang den Weißenfelser Magistrat zu Hilfsmaßnahmen für die Bürger der Stadt. Das waren schlechte Voraussetzungen für eine neue Firma im allgemeinen und für den Orgelbau im besonderen.

Auch das Revolutionsjahr 1848 brachte keine Wende zum Besseren. Wahrscheinlich hielt sich Friedrich Ladegast in dieser ersten schweren Zeit in seiner eigenen Werkstatt mit Reparaturen über Wasser. Wie unterfordert mag sich der Orgelbauer da gefühlt haben, der doch Großes leisten wollte! Da er keine Besserung seiner wirtschaftlichen Lage erkennen konnte, suchte er Hilfe beim Merseburger Domorganisten David Hermann Engel. Er bat den königlichen Orgelrevisor um eine Empfehlung, um die er sich beim Vorgänger vergeblich bemüht hatte. Er klagte seine Not, schilderte seine angestrengten Bemühungen, einen Auftrag für einen Orgelbau zu bekommen, wie aus Engels Darstellung hervorgeht: »Kurz nach meiner Anstellung in Merseburg, Ostern 1848, hatte ich einen jungen (30 Jahre) Orgelbauer, Namens Ladegast, hier kennengelernt. Er war gekommen, mir seine Noth zu klagen. Er hoffte, durch mich als königlichen Orgelrevisor ein Wort der Empfehlung zu erlangen, um das er früher beim Vorgänger sich vergeblich beworben. Seit Jahren in Weißenfels ansässig, war es seinen angestrengten Bemühungen nicht gelungen, einen Orgelbau zu bekommen. Sein fast jungfräuliches Auftreten, sein grundehrliches Gesicht mit dem intelligenten Auge, in das sich ein feuchter Glanz drängte, während er mir mit bebender Stimme sein Herz öffnete, weckten zwar meine Teilnahme, allein Hülfe konnte ich ja auch nicht gleich bieten. Es verging ein volles Jahr, ehe es sich fügte, daß der Graf Zech-Burkersrode ihm in dem kleinen Dorf Geusa bei Merseburg den ersten kleinen Orgelbau (14 Register) anvertraute.«

DIE ERSTE ORGEL

Es verging folglich fast ein Jahr, bis die Sympathie des Orgelrevisors für Friedrich Ladegast Früchte tragen konnte. Abgesehen von den beiden Werken, die er als Gehilfe in seinen Mußestunden gebaut hatte, war das die erste Aufgabe für den Orgelbauer Friedrich Ladegast, der erste »richtige« Auftrag. Nach drei eher erfolglosen Jahren im eigenen Geschäft wurde die Arbeit an der Orgel in der Kirche in Geusa ein erster, wichtiger Erfolg.

Friedrich Ladegast rechtfertigte mit vielen außergewöhnlichen Anstrengungen das Vertrauen, das mit diesem Auftrag in ihn gesetzt worden war. Entsprechend war dann auch die Beurteilung, die sein Förderer, der königliche Orgelrevisor David Hermann Engel, abgab:

»Die am 9. September 1849 stattgehabte Abnahme dieser Orgel erregte mein höchstes Entzücken. Ich fand ein in jeder Beziehung reizendes Werkchen. Und was für Opfer hatte Ladegast aus reiner Liebe zur Sache gebracht! Ein ganzes Clavier hat er von seinen früheren Ersparnissen als Gehilfe zugefügt. Dieses Opfer sollte indes bald gute Früchte tragen. Eine schnelle Folge weiterer Orgelbauten überzeugte mich, daß Ladegast die Fähigkeit besitzt, den höchsten Anforderungen in zeitgemäßer Weise zu genügen.«

So ganz uneigennützig dürfte dieses »Opfer« nicht gewesen sein. Auch in künftigen Orgeln kann man feststellen, daß Ladegast über den eigentlichen Auftrag hinaus Einrichtungen und Materialien einbaute, selbstverständlich in der Erwartung, daß eine derartige Qualität eines Werkes Werbung für künftige Aufträge war. Es zeigt sich schon bei diesem ersten Auftrag, daß Friedrich Ladegast auch ein guter Kaufmann war, der auf weite Sicht dachte und plante. Dieses erste Werk trug ihm auch amtliche Anerkennung ein, wie die Bekanntmachung des Königlichen Landratsamtes durch den Königlichen Landraths-Amts-Verweser Ulrici im Weißenfelser Kreisblatt vom 5. Dezember 1849 zeigt:

*Weißenfelser Kreisblatt,
5. Dezember 1849.
Öffentliches Lob
für Friedrich Ladegast.
© Museum Weißenfels*

ORGELBAU

»Nachdem sich der Orgelbaumeister Friedrich Ladegast zu Weißenfels durch die, über seine Geschicklichkeit und Brauchbarkeit im Orgelbau beigebrachten glaubwürdigen und der Königlichen Regierung zu Merseburg vorgelegten Zeugnisse als ein ganz tüchtiger und zuverlässiger Meister ausgewiesen hat, so wird er für die Orgelbauten, namentlich zur Uebernahme und Ausführung von mittleren zweimanualigen Orgel-Neubauten und Reparaturen als qualificirter Orgelbauer hierdurch empfohlen.«

Friedrich Ladegast hatte es geschafft! Aus seiner Werkstatt in der Naumburger Straße in Weißenfels sollten ab 1850 seine Orgeln in alle Welt gehen.

HEIRAT

Auch im privaten Bereich waren jetzt die Voraussetzungen für ein standesgemäßes Meisterleben gegeben. Im Jahr 1850 – er war jetzt 32 Jahre alt – heirateten Friedrich Ladegast und die 24jährige Bertha Lange. Sie war die Tochter des Weißenfelser Stadtorganisten, die den kränklichen Vater oft in seinem Amt vertrat. Vermutlich hatte das Paar durch das Orgelspiel zueinander gefunden. Die Hochzeit fand in aller Stille in der Stadtkirche statt, weil die Braut ein Kind erwartete. Für die kleine Stadt wäre es sicher ein Eklat gewesen, dies allzu öffentlich darzustellen und wer weiß: geschäftsschädigend wäre es vielleicht ja auch noch obendrein gewesen.

ERSTE ERFOLGE

Die bedeutenste Orgel aus dieser Zeit ist das Instrument in Hohenmölsen mit 24 Registern (nach anderen Quellen auch 25 Register), das heute noch fast vollständig erhalten ist.*

Ein erster Meilenstein in eine erfolgreiche berufliche Zukunft war gesetzt. In der Umgebung von Merseburg entstanden im Jahr 1851 fünf Orgeln, zumeist zwischen vier und 20 Registern.

Die Hohenmölser Orgel sollte für Friedrich Ladegast besondere Bedeutung erlangen. Zum erstenmal nahm die »Urania«, das führende Fachorgan des letzten Jahrhunderts, von der Arbeit des Orgelbaumeisters Ladegast Notiz. Der Hohenmölser Organist Braehmig hatte eine hervorragende Beurteilung der Orgel geschrieben, die im Blatt unter »eingesandt« veröffentlicht wurde und ihre Wirkung in Fachkreisen nicht verfehlte.

---

* Leider ist es nicht möglich, diese Orgel abzubilden. Das Ev. Pfarramt der Stadtkirche St. Peter zu Hohenmölsen teilte im Sommer 1997 mit, daß die Orgel 1990 ausgebaut und eingelagert wurde, da in der Kirche Reparaturen ausgeführt werden mußten. Der Wiedereinbau der Orgel ist ab Frühjahr/Sommer 1998 geplant. Die Orgel steht unter Denkmalschutz.

»Bei unbefangener, gerechter Würdigung dessen, was dieser Mann hier gethan, wird und muß man gestehen: daß derselbe (der, beiläufig bemerkt, sich auch als Mensch durch Bescheidenheit und Liebenswürdigkeit in hohem Grade auszeichnet) jede Aussicht auf pecuniären Gewinn verschmäht, sondern gegentheils im Interesse seiner Kunst Opfer gebracht hat, die in der That bedeutend sind, und seine Uneigennützigkeit, sowie das Bestreben, nicht ausschließlich zu arbeiten, um zu leben, am sichersten documentiren. So hat er, um nur eines Umstandes Erwähnung zu thun, eine Stimme (Lieblich Gedackt 8') aus freiem Antriebe und auf eigene Kosten dem Werke, und zwar nicht zu geringem Vortheile desselben beigegeben. Gleich Rühmenswertes läßt sich von dem rein Technischen der Arbeit berichten. Bei Verwendung des fehlerfreiesten Materials, in Metall wie in Holz, muß man die Nettigkeit, Sauberkeit und die bis zum Eigensinn getriebene Accuratesse bewundern, mit welcher Alles bis auf den winzigsten Drahtstift ausgeführt ist.«

Ob der Meister selbst mit der ihm eigenen Initiative bei dieser Werbung die Hand im

Spiel hatte? Auf jeden Fall nahm man in Zukunft in der Redaktion der »Urania« sogar im Werden befindliche Ladegast-Orgeln wahr. Und selbst über diese Orgeln wurde mit wachsendem Ruhm des Orgelbauers schon vor der Fertigstellung der Orgel, wenn sie zum Versand im Arbeitssaal aufgebaut war, berichtet.

Protektion hin – Beziehungen her: Ganz sicher hat die Persönlichkeit von Friedrich Ladegast viele Türen geöffnet. Zeitgenossen wie der Hohenmölsener Organist Braehmig schildern ihn als bescheidenen und liebenswürdigen Menschen, der seine Kunst – den Orgelbau – über pekuniäre Interessen stellte. Ein Beispiel seiner Uneigennützigkeit wird in der Rezension der »Urania« über die Hohenmölsener Orgel genannt. Da hat er dem Werk aus eigenen Antrieb und auf eigene Kosten eine zusätzliche Stimme beigegeben. Aber auch der Handwerker fand höchstes Lob; die Verwendung nur besten Materials in Holz und Metall, die Präzision und Sauberkeit seiner Arbeit. Die Mitarbeiter der Ladegastschen Werkstatt mögen so manches Mal darüber gestöhnt haben, mit welcher Akribie der Meister auch den winzigsten Drahtstift beurteilte. Der Einsatz für das Ziel, ein ganz großer Orgelbauer zu werden, lohnte sich. Die glänzende Beurteilung der Hohenmölsener Orgel brachte Friedrich Ladegast den wichtigen Auftrag: Die Merseburger Domorgel.

DAS ERSTE GROSSE WERK

Organist Braehmig konnte auch berichten, daß die glänzende Beurteilung der Hohenmölsener Orgel durch den Merseburger Domorganisten Engel Friedrich Ladegast den Auftrag für die Reparatur der Merseburger Domorgel verschaffte. Die Reparatur war mit 4500 Talern kalkuliert. Dieser Auftrag verwandelte sich unter der Hand – und vermutlich durch geschicktes Verhandeln des Meisters Ladegast – in einen Auftrag zum Neubau der Domorgel im Wert von 6258 Talern.

Ladegasts Orgeln: Genialität und exzellentes Handwerk

Allem Leben, allem Tun,
aller Kunst
muß das Handwerk vorausgehen,
welches nur in der Beschränkung
erworben wird.
Eines recht wissen und ausüben
gibt höhere Bildung
als Halbheit im Hundertfältigen.
Goethe

DIE MERSEBURGER DOMORGEL

Die Merseburger Domorgel war zwei Jahrhunderte hindurch ein Sorgenkind gewesen, als Friedrich Ladegast im Sommer 1853 mit der Arbeit begann. Zwischen 1665 und 1700 war der prachtvolle barocke Prospekt entstanden, der bis heute erhalten ist. Schon 1693 begann der Merseburger Orgelbauer Zacharias Thayssner mit dem Umbau, der bis 1705 dauerte. Zwölf Jahre später ging der Orgelbauer Wender aus Mühlhausen ans Werk, und eine weitere kostspielige Verbesserung erfolgte 1734 – 1735 durch Zacharias Hildebrandt. Aber die Reparaturen nahmen kein Ende. Belegt sind Arbeiten in den Jahren 1769, 1781, 1785 und 1793. 1806 wurde aus dem Dom ein Kriegsgefangenenlager, so daß 1813 eine Hauptreparatur durch Zöllner stattfand, der bis zur Jahrhundertmitte noch mehrere Reparaturen folgten. Domorganist Engel stellte 1852 drei große und 13 kleinere Reparaturen fest, die insgesamt im Verlauf von 155 Jahren 11.000 Taler gekostet hatten. Als Friedrich Ladegast ans Werk ging, fand er beim Abbau des Instrumentes Metallpfeifen aus sechs verschiedenen Epochen vor.

KONSTRUKTION DER ORGEL

Da stellte sich dem Meister eine gewaltige Aufgabe, an die er mit dem Ehrgeiz ging, alle Fehler aus der Geschichte der Orgel auszumerzen. Sein Können, seine Musikalität und seine Liebe zum Orgelbau machten es ihm möglich, wertvoll Überkommenes mit Neuem zu verbinden. Er und seine Mitarbeiter erbauten die damals größte Orgel in Deutschland. Friedrich Ladegast stellte sich in die Tradition der Barockorgel im Dom, er übernahm das Werkprinzip, den wunderbaren Barockprospekt und 26 alte Register. Er erweiterte die Orgel um 14 Stimmen auf 81 Stimmen (auf vier Manualen und Pedal, 5686 Pfeifen und 37 klingende Stahlstäbe enthaltend). Die Verbindung der barocken Stimmen aus der alten Orgel mit den damals modernen weichen »romantischen« Registern macht die einmalige klangliche Variationsbreite der Domorgel aus. Die Kritik des Abnehmerberichtes lobte demgemäß besonders die neuen leisen Register, die bis heute nichts von ihrer Klangschönheit eingebüßt haben.

Ladegast-Orgel im Merseburger Dom, Barock-Prospekt, Op. 17, IV/81, 1855. © Domstift Naumburg

Merseburg, Blick in das Kirchenschiff mit der Ladegast-Orgel.
© *Domstift Naumburg*

Ladegast stellte in das alte Gehäuse ein in technischer Hinsicht von Grund auf neues Instrument trotz der Verwendung von 26 alten Registern. Bezeichnenderweise sind dies bis auf Gambe 8' im Hauptwerk und Quintatön 8' im Oberwerk ausschließlich Register 4', 2' und 1', Aliquote und Mixturen. Für Ladegasts klangliches Konzept sind vor allem die Vielfalt der 16'- und 8'-Register sowie die Zungen ausschlaggebend, und hier mußten in Material, Konstruktion und Mensuration neue Wege beschritten werden. Von den Registern, die für Ladegasts Stil charakteristisch bleiben sollten, finden wir hier schon das Doppelgedackt 8' und das durchschlagende Fagott 16' im Hauptwerk, in jedem der Nebenmanuale eine offene Holzflöte, im Schwellwerk die schwebende Unda maris, die hölzerne Zartflöte 4' und die durchschlagende Zunge Aeoline 16'. Beibehalten hat Ladegast neben dem reichen Aliquotenbestand des Oberwerks auch dessen Glockenspiel. Das Hauptwerk erhielt 20 Register, das Oberwerk 16 Register, das Brustwerk 14. Das Rückpositiv mit elf Registern hat zugleich auf der Sängerempore einen eigenen Spielschrank mit Manual- und Pedalklaviatur. Das Pedal umfaßt 20 Register. Die 1'- und 2'-Register allerdings übernahm er im Pedal nicht mehr, jedoch in den anderen Manualen die meisten der alten Aliquotenregister.*

* Nach Bärenreiter-Musiklexikon

Merseburger Dom St. Laurentius und St. Johannes bapt. © Domstift Naumburg

EINWEIHUNG DER ORGEL

Die Merseburger Domorgel erregte Aufsehen. In Weimar hörte Franz Liszt davon, »der zweimal von Weimar dieserhalb hergekommen war, und durch die seltenen Schönheiten der Orgel sich in dem Grade angezogen fühlte, daß er die Registrierung seiner... großen Phantasie und Fuge über den Choral ›Ad nos, ad salutarem undam‹, behufs Ausführung des am 26. September 1855 stattgehabten Weihekonzertes nicht nur selbst anordnete, sondern auch zu neuen Kompositionen sich angeregt fühlte«, wie H. D. Engel, Domorganist in Merseburg zu berichten wußte. Der Künstler verstand es, die Idee des Meisters zu verwirklichen: mit Kraft und Fülle, aber auch mit sanftem Schmelz den Glanz und die Pracht des Orgelklanges zu vermitteln. Die zukünftigen Kompositionen von Franz Liszt leiteten eine neue Entwicklung in der langen Geschichte der Orgelmusik ein.

Der berühmte Leipziger Musikkritiker Dr. Brendel – einer der bekanntesten deutschen Musikpublizisten des 19. Jahrhunderts und ein journalistischer Vorkämpfer der Neudeutschen Schule – hatte schon während der Aufstellung der Merseburger Orgel das neue Instrument besichtigt. Er schrieb in der Ankündigung der Einweihung am 31. August 1855 in der »Neuen Zeitschrift für Musik«, deren Redakteur er war: »...daß dieses Orgelwerk einen neuen Abschnitt in der Orgelbaukunst bezeichnet, indem hier Dinge erreicht sind, die bisher an keiner anderen Orgel vorkommen.« In seinem Bericht über die Einweihung ist zu lesen: »Es war das einstimmige Gefühl aller, daß diese Orgel ein Musikinstrument sei, den Ruf des Erbauers als ausgezeichneten Meister begründend. Der Charakter dieses Werkes unterscheidet sich wesentlich von dem aller anderen Orgeln. An Kraft und Fülle (beim Gebrauch des vollen Werks) kommt sie wohl den Besten gleich. Einzig in ihrer Art aber ist sie in den sanfteren Stimmen. Es ruht ein Wohllaut, ein Schmelz darin, wie wir ihn bei anderen Orgeln noch nie gehört haben. Der Klang ist, um die Hauptsache mit einem Worte zu bezeichnen, poetischer Natur... Liszt nimmt jetzt zur Orgel eine ähnliche Stellung ein wie früher zum Pianoforte. Wie er früher das Pianoforte zu behandeln vermochte, einzig in seiner Art, so weiß er jetzt auf der Orgel den ganzen Glanz und die ganze Pracht des Instrumentes zur Darstellung zu bringen. Ich muß bekennen, daß ich sehr überrascht war durch Liszts Composition, indem sich mir der Fortschritt nach einer bis jetzt noch nicht zur Behandlung gekommenen Seite hin offenbarte und Blicke in eine zukünftige Entwicklung der Orgelmusik sich darboten ... Die Merseburger Orgel ist das geeignete Instrument für diese Richtung, und wir dürfen daher hoffen, daß sie bald in diese Stellung eintreten werde, die Grundlage zu bilden, auf die der Fortschritt auf dem Gebiete der Orgelmusik zu basieren, den Mittelpunkt um den die weiter strebenden Künstler sich sammeln können. Es ist eine bezaubernde Mannigfaltigkeit mit den Stimmen darin und die Fähigkeit der Anbequemung bei der Begleitung erscheint außerordentlich. Unterstützt werden diese Vorteile durch die Möglichkeit des Crescendo und Decrescendo. Der Musikdirektor Engel eröffnete das Konzert mit einer eigenen Composition, Fantasie in g-Moll, op 16. Frl. Genast aus Weimar sang zwei geistliche Lieder aus dem 17. Jahrhundert. Herr Engel brachte als 3. Nummer die gis-Moll-Fuge von Johann Sebastian Bach, am Schluß des 1. Teiles sang Frl. Genast die h-Moll-Arie mit obligater Violine, vorgetragen von Kammervirtuos Senger aus Weimar. Dr. Liszt führte die Orgelbegleitung dazu aus. Der 2. Teil wurde eröffnet mit einer großen Fantasie und Fuge in c-Moll, komponiert von Dr. Liszt. Liszt hatte schon früher mit der Orgel sich bekanntgemacht. Die 6. Nummer bildete eine Arie aus Elias. Zum Schluß spielte Organist Schellenberg aus Leipzig eine Fantasie über: ›Eine feste Burg‹.«

Franz Lizst

LADEGASTS ORGELN: GENIALITÄT UND EXZELLENTES HANDWERK

Blick auf den Merseburger Dom

Als Vertreter der Neudeutschen Schule sieht Franz Brendel natürlich mehr das Fortschrittliche an Ladegasts Orgel, doch der Orgelbauer war durchaus kein Revolutionär. Stets hat er seine Verwurzelung in der Tradition des klassischen Orgelbaus betont, vermutlich eine Errungenschaft seiner langen Lehr- und Wanderjahre.

Die Orgelkonzerte des Domorganisten David Hermann Engel wurden bald sehr populär. Es wird berichtet, daß bei den Pfingstkonzerten die Zuhörer bis auf den Schloßhof hinaus standen. Die Orgel ist so mächtig – auch heute überrascht ihre Klangfülle den unvorbereiteten Hörer –, daß es hieß, daß bei vollem Werk mit allen Registern die Fensterscheiben zerspringen. Man machte denn auch die Probe aufs Exempel – zum Glück verlief sie negativ. Die Anekdote weiß auch zu berichten, daß im benachbarten Domgymnasium kein Unterricht mehr möglich war, wenn Franz Liszt auf der Domorgel spielte.

DIE MERSEBURGER ORGEL HEUTE

In der neueren Zeit gibt es seit 25 Jahren die »Merseburger Orgeltage«, die zu einer festen Einrichtung geworden sind. Alljährlich im Herbst gruppieren sich viele prominente Mitwirkende und Besucher um die ebenfalls prominente Orgel. Der bisherige Domorganist Hans-Günther Wauer, über 45 Jahre mit »seiner« Ladegast-Orgel nahezu »verwachsen«, ist der Initiator dieser Veranstaltung und noch immer einer ihrer Promotoren, auch wenn sie seit neuestem vom »Freundeskreis Musik und Denkmalpflege in Kirchen des Merseburger Landes e.V.« veranstaltet wird.

Zum 175. Geburtstag von Friedrich Ladegast fand am 30. August 1993 im Dom zu

Merseburg ein Festkonzert mit Domorganist Hans-Günther Wauer an der Ladegast-Orgel und Irmgard Baumgarten (Gesang) aus Halle statt. Sie nahmen das Programm der Einweihung der Orgel vor 138 Jahren auf: Felix Mendelssohn-Bartholdy, Johann Sebastian Bach und Franz Liszt, Gustav Merkel und Adolf Friedrich Hesse. Und hatte 1855 Hermann Schellenberg über »Ein feste Burg ist unser Gott« phantasiert, so übernahm diesen Schlußpunkt im Jahr 1993 Hans-Günther Wauer.

DIE ORGEL AUS RASCHWITZ

Eine kleinere Orgel, die vor dem Verfall durch Feuchtigkeit und vor dem Befall durch Holzwürmer aus der Kirche in Raschwitz gerettet wurde, befindet sich seit Ende August 1993 in der Michaelis-Kapelle des Doms zu Merseburg. Es handelt sich hier um Opus 11, also eine der ältesten nachweisbaren und wohl fast originalgetreu erhaltenen und auch originalgetreu restaurierten Ladegast-Orgeln.

Am 27. November 1850, besagt ein handschriftlicher Vermerk in der Windlade, wurden die letzten Handgriffe beim Einbau ausgeführt. Das Instrument ist klein. Es hat ein Manual und bringt es mit 10 Registern auf etwa 600 Pfeifen. Der schlichte Prospekt ist ein ästhetisches Schmuckstück. Der weiße Holzrahmen wurde von Hans Rothe aus Burgliebenau originalfarbig restauriert. Seit dem ursprünglichen Einbau hatte es keine Restaurierung dieser Orgel gegeben, was den nicht hoch genug zu schätzenden Vorteil hat, daß sie ohne bauliche Veränderungen fast 150 Jahre überstanden hat. Am 29. August 1993 konnte sie nach umfangreicher und gründlicher Restaurierung durch Rösel & Hercher wieder eingeweiht werden. Die Einweihung wurde durch ein festliches Konzert des Domorganisten Hans-Günther Wauer und des Gewandhausorganisten Michael Schönheit gefeiert. Sie brachten Werke von Hesse, Liszt, Brahms, Schumann und Johann Abraham Peter Schulz zu Gehör. Außer dem »arbeiteten« die beiden Solisten auch »Hand in Hand« bei den zwei Fantasien von Adolf Friedrich Hesse für Orgel zu vier Händen, mit deren einer sie das Programm eröffneten. Danach folgte von Franz Liszt die »Missa pro Organo«, von Johannes Brahms zwei Choralvorspiele aus op. 122, »O Welt, ich muß dich lassen« und »Herzlich tut mich verlangen«. Von Robert Schumann aus »Sechs Fugen über den Namen BACH«, op. 60, die Fuge Nr. 1: Langsam, Fuge Nr. 3: Mit sanften Stimmen, Fuge Nr. 4: Mäßig, doch nicht zu langsam, dann die 2. Fantasie von Hesse. Den Abschluß des Festkonzertes bildete die freie Improvisation über das Abendlied »Der Mond ist aufgegangen« von Johann Abraham Peter Schulz.

Denkmalschutz und Orgelbauer sind sich darin einig, daß der neue Standort in der Michaelis-Kapelle ideal für das wertvolle Instrument ist. Es ist eine neue und besondere Attraktion, diese beiden in ihren Dimensionen so unterschiedlichen Orgeln so nahe beieinander erleben zu können.

Friedrich Ladegast im Kreise seiner Mitarbeiter.
© *Museum Weißenfels*

Orgel aus Raschwitz in der Michaeliskapelle im Dom zu Merseburg, Op. 10, I/11, (Op. 11, I/10), 1850. Die Orgel wurde 1992/93 durch Rösel & Hercher Orgelbau, Saalfeld, restauriert.
© Domstift Naumburg

ALS ORGELBAUER IM ZENIT DES ERFOLGES

Die berufliche Entwicklung verlief kontinuierlich aufwärts. Im Jahr 1856 wurden bereits drei kleinere Orgeln eingeweiht: in Blösien, Delitz und Runstädt, alles Orte nahe bei Merseburg. In der Dorfkirche in Blösien fand 1996 der Meisterkurs »von Hildebrandt zu Ladegast – Orgelmusik des 18. und 19. Jahrhunderts an Original-Instrumenten« statt. Die Orgeln in Delitz und Runstädt sind nicht erhalten. Insgesamt erbaute er für Kirchen in der Umgebung von Merseburg mindestens elf Orgeln. Noch immer sind einige in gutem Zustand, andere sind leider durch Vernachlässigung unspielbar geworden, einige sind völlig zerstört.

Im Jahr 1857 reichten die Geschäftsverbindungen schon bis nach Memel in Ostpreußen und nach Niederschlesien. Jeweils eine Orgel wurde dorthin geliefert und damit reichte auch der Aktionsradius und der Ruhm des Merseburger Domorgel-Baumeisters über seinen angestammten Ort, wie das in der Mitte des 19. Jahrhunderts vermutlich durchaus nicht üblich war, weit hinaus.

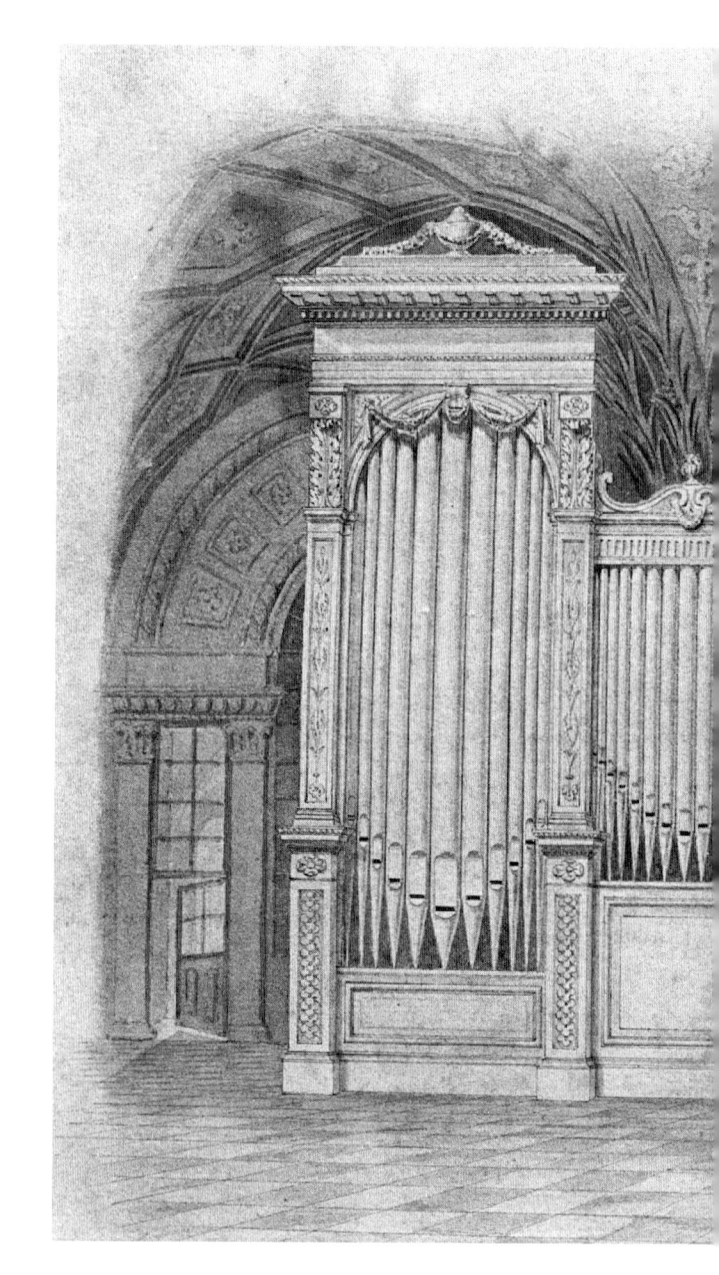

Orgel in der Leipziger Nikolaikirche; idealisierte Auffassung aus der Entstehungszeit. © *Museum Weißenfels*

LADEGASTS ORGELN: GENIALITÄT UND EXZELLENTES HANDWERK

LEID IM LEBEN DES BÜRGERS FRIEDRICH LADEGAST

So stetig der Weg von Friedrich Ladegast in die erste Reihe deutscher Orgelbaumeister war, so traurig verlief sein Privatleben. Er, der selbst inmitten einer fröhlichen Kinderschar aufgewachsen war, konnte dieses Glück in der eigenen Familie nicht auskosten. Der erste Sohn wurde tot geboren, eine kleine Tochter starb im Säuglingsalter (* 27. März 1852, † im November 1852). Innerhalb eines Jahrzehnts – bis 1862 – mußten Friedrich und Bertha Ladegast weitere fünf Kinder zu Grabe tragen. Das Leid machte ihn härter, aber auch noch kreativer im Glück seiner Arbeit, für die er immer die Unterstützung seiner Frau hatte. Das Orgelspiel, das das Paar in der Jugend zusammengeführt hatte, blieb wohl auch in ihrer langen, glücklichen Ehe Bindeglied und Trost.

Die Hoffnungen der Eltern lagen bei den Söhnen Friedrich Ernst und Friedrich Oscar, die 1853 und 1855 geboren wurden. 1856 kam die Tochter Elisabeth zur Welt. Das Mädchen wurde von der Frau des Merseburger Domorganisten Engel und dem Weißenfelser Musikdirektor Ernst Hentschel zur Taufe getragen, der schon Bertha Ladegasts Taufpate gewesen war. Nichts im Leben des Friedrich Ladegast blieb eben unberührt von Musik, Orgelklang und den Menschen, die damit zu tun hatten. Der Anspruchslosigkeit im persönlichen Bereich stand der hohe Anspruch gegenüber, den er an sich und sein Werk stellte – Eigenschaften, die einen geschätzten Bürger ausmachen. So war es selbstverständlich, daß Friedrich Ladegast mit seiner gefestigten Position im Leben und im Beruf 1856 das Bürgerrecht in Weißenfels erwarb. Zehn Taler (190,– DM) waren seinerzeit für dieses Recht zu bezahlen.

Friedrich Ladegast mit seiner Familie und den Mitarbeitern. © Museum Weißenfels

DIE ORGEL DER LEIPZIGER NIKOLAIKIRCHE

Das Jahr 1857 war außerordentlich erfolgreich und brachte – wie wir heute sagen würden – neue berufliche Herausforderungen für Friedrich Ladegast: Er baute seine erste 3manualige Orgel – nachdem er 1855 bereits die größere 4manualige Orgel im Dom von Merseburg errichtet hatte – mit 34 Registern für die Kirche der Landesschule Schulpforta. Diese Orgel ist nicht mehr erhalten. Am 1. März 1857 erhielt Friedrich Ladegast den zweiten ganz großen Auftrag seines Lebens: die Orgel für die Nikolaikirche in Leipzig. St. Nikolai ist mit über 1750 Sitzplätzen die größte Kirche Leipzigs. Die Kirche wurde im Jahr 1213 erstmals urkundlich erwähnt. Sie soll jedoch bereits 1165 gegründet worden sein. Die Leipziger Nikolaikirche hatte sich zu einer Pflegestätte der Kirchenmusik entwickelt. Viele Werke des »director musices« der Stadt Leipzig, Johann Sebastian Bach, wurden zum ersten Mal in der Nikolaikirche aufgeführt, so der größte Teil seiner Kantaten, alle Kantaten des Weihnachtsoratoriums, alle Ratswahlkantaten und die Johannespassion.

Diese Orgel war ursprünglich mit 59 Registern vorgesehen und erweiterte sich im Laufe der Planung – wie wir das von Friedrich Ladegast schon kennen – auf 84 Stimmen und 4 Manuale. »Der Plan hierzu wurde genau nach der Töpferschen Theorie festgestellt und von demselben persönlich zustimmend zur Kenntnis genommen«, schrieb Ladegast. Dazu muß man sagen, daß diese Theorie in Töpfers 1855 erschienenem Lehrbuch der Orgelbaukunst »Theorie und Praxis des Orgelbaus« niedergelegt war und daß die Leipziger Nikolaiorgel wohl das erste größere Instrument war, an dem Töpfers Grundsätze der Mensuration von Pfeifen, Laden, Kanälen und Bälgen praktiziert wurde. Der Kontakt zwischen den beiden Großen der Theorie und der Praxis des Orgelbaus im 19. Jahrhundert ging schon zurück auf die Zeit vor dem Erscheinen des Töpferschen Lehrbuchs, in dem sich auch zwei Beiträge aus Ladegasts

Blick in das klassizistische Innere und auf die von 1859 bis 1862 gebaute (Ladegast-)Orgel der Nikolaikirche, Leipzig, Op. 34, IV/85, 1862. © PUNCTUM / Peter Franke

Bei Jehmlich Orgelbau Dresden GmbH ist diese Zinnhobelmaschine noch in Betrieb. Es läßt sich nicht mehr genau feststellen, ob sie aus Friedrich Ladegasts Zeit stammt. Das Untergestell, die Trommel und das Bett für den Support sind noch original. Die Andruckrolle über der Trommel wurde später angebaut. Auch der Antrieb wurde verändert.
© *Jehmlich Orgelbau Dresden GmbH*

Feder finden: eine Beschreibung einer Maschine zum Hobeln der Zinnplatten zu Orgelpfeifen und eine Beschreibung der Kastenbälge der für die Kirche zu Schulpforta bestimmten Orgel. In der 2. Auflage des Töpferschen Lehrbuches von 1888 ist eine Drehbank dargestellt, mit deren Hilfe das Blech für die Pfeifen auf gleichmäßige Stärke gebracht werden kann. Früher wurde dies durch langwieriges Hämmern erreicht. In der alten Literatur ist dann vermerkt: gut geschlagen Zinn. Diese Maschine ist eine originäre Erfindung Ladegasts.

In der Vorbereitungsphase für die Leipziger Orgel unternahm Friedrich Ladegast eine Studienreise nach Frankreich und Süddeutschland, um sein Wissen und Können zu erweitern und zu vervollkommnen. Sein Bestreben, neue musikalische Anregungen zu erhalten, fand er enttäuscht. In technischer Hinsicht hat er jedoch in Paris wichtige Anregungen erhalten: Das am 16. November 1862 eingeweihte Riesenwerk wies zwei wesentliche Neuerungen auf, die auf den Einfluß des schon erwähnten, berühmten Orgelbauers Aristide Cavaillé-Coll zurückgehen.

Erstmals verwendete Ladegast hier die Barkermaschine und erstmals waren die Windladen von drei Manualen in je zwei Abteilungen geteilt, die über Sperrventile ein- und ausgeschaltet werden können. Zur ersten Abteilung gehören die Principale, Aliquoten, Mixturen und Zungen, zur zweiten Gedackte, Flöten und Streicher. Im Pedal gibt es sogar drei solcher Abteilungen:
Zur ersten gehören Principal, Untersatz und Posaune 32' samt Posaune 16', zur zweiten Principal 8' und 4', die Aliquoten Terz $12\,^4/_5$', Quinte $10\,^2/_3$', Nasat $5\,^1/_3$', Septimenkornett 5f., Trompete 8' und 4', zur dritten schließ-

lich die übrigen Register zu 16' und 8'. Wie die Appels Cavaillé-Colls wirken diese Abteilungen gleichzeitig als Spielhilfen und zur Differenzierung des Winddrucks und zur Verbesserung des Windzuflusses.

Der Auftrag für die Leipziger Nikolaiorgel nahm die Werkstatt von 1859 bis 1862 so weitgehend in Anspruch, daß in diesen drei Jahren daneben nur sieben kleine Instrumente zwischen sieben und 15 Registern entstanden.

Die 1862 eingeweihte Nikolaiorgel war ein künstlerischer Erfolg. Wieder einmal hatte Friedrich Ladegast diesen Wert über pekuniäre Überlegungen gestellt. Das stellte sich sehr viel später heraus. Wie bei vielen seiner Orgeln hatte der Meister auch in der Nikolaiorgel nach seiner Gewohnheit an versteckter Stelle Anmerkungen hinterlassen. Als die Orgel in Leipzig im Jahr 1902 umgebaut wurde, fand man folgende Inschrift: »Ich erhielt für dieses Werk nicht ganz 10.000 Taler. Es sind in dieser Orgel 75 Centner Zinn verbraucht, der Durchschnittspreis betrug zwischen 48 und 54 Taler. Und wenn trotz dieses fabelhaft billigen Preises des Werkes sich dasselbe gewiß in

Friedrich Ladegast vor der Leipziger Nikolaiorgel. Widmungsfoto von F. C. Richter und C. A. Eltzner.
© *Museum Weißenfels*

jeder Beziehung mit den besten messen kann, so hatte ich bei Darbringung dieser für mich höchst schweren Opfer auf Dank und Anerkennung gerechnet, wie sie mir auch von der hiesigen Behörde und von Autoritäten wie Bach in Berlin, Ritter in Magdeburg, Töpfer in Weimar, Faisst in Stuttgart usw. zu Theil wurde.«

Der Organist zu St. Nicolai in Leipzig C. F. Richter und C. A. Eltzner, Zeichner und Photograph in Leipzig widmeten dem »genialen Schöpfer dieses herrlichen Orgel-Meisterwerkes« eine Fotografie, auf der Friedrich Ladegast voller Selbstbewußtsein ruhig und gesammelt vor »seiner« Orgel steht.

Es waren übrigens keineswegs immer nur freundliche Botschaften, die man – und das immer per Zufall – als Hinterlassenschaften in den Ladegast-Orgeln fand. Zum Beispiel ist in Bleistiftschrift auf einer inneren Holzwand der von Ladegast restaurierten Orgel der Schloßkirche in Weißenfels zu lesen: »Diese verfluchte Macherei ist von Schulze in Paulincella. Ich habe sie gestimmt im Dezember 1864, eine nichtswürdige Intonation! Fr. Ladegast«

Typisch für den passionierten Orgelbauer, daß er unverhohlen und wütend seine Meinung über ein Werk niederschrieb, das seinen Ansprüchen nicht genügte! Aber Friedrich Ladegast war eben nicht nur als Künstler und Kenner am Werk, sondern auch als geschickter Geschäftsmann. Was hätte es ihm als Unternehmer eingebracht, wenn er sein Mißfallen öffentlich geäußert hätte? Der Kunde war auch damals König, dessen Lied man singen mußte. Mit den versteckten Aufzeichnungen aber machte er sich Luft. Vielleicht hat er damit gerechnet, daß irgendwer irgendwann die Schriften entdecken und nachträgliche Rechtfertigungen akzeptieren würde.

ORGELN IN EUROPA

Die Nikolaiorgel festigte und verbreitete den Ruf des Friedrich Ladegast weit über Sachsen hinaus. In der Weißenfelser Werkstatt entstanden Orgeln, die in »alle Welt« gingen. Ins Münsterland, in die Pfalz, aber auch nach Osten, nach Posen und Reval. Im Wettbewerb mit den namhaftesten Orgelbauern Europas erhielt er mit dem günstigsten Angebot den Auftrag, ein Instrument für den Konzertsaal der Wiener Gesellschaft der Musikfreunde zu bauen. Im Mittelpunkt aber stand in dieser Zeit der Bau der Orgel

Zeitungsnotiz im Weißenfelser Kreisblatt, 16. November 1862.
© *Museum Weißenfels*

für den Schweriner Dom, die Ladegasts Ruhm vertiefte und über die Maßen verbreitete. Sie wurde in ihrer Vollkommenheit Zeugnis technischer Neuerungen, die der sächsische Meister mit pneumatischen Hebeln in die Welt des Orgelbaus einbrachte.

WEISSENFELS

Im Jahr 1863 fertigte Friedrich Ladegast für die Weißenfelser Marienkirche eine 3manualige Orgel mit 41 Registern. Die Geschichte der verschiedenen Orgeln dieser Kirche ist nicht sehr ausführlich belegt. Ein Bericht weist darauf hin, daß sich bereits 1405 eine Orgel in der Marienkirche befunden haben könnte. Rechnungen von 1581/82 belegen Ausgaben für Orgelsachverständige und ab 1540 lassen sich Organisten unter der Weißenfelser Bevölkerung nachweisen. Die Vorläuferin der Ladegast-Orgel war mehr als 200 Jahre im Gebrauch gewesen. Tobias Weller hatte auf der größten Pfeife des achtfüßigen Principals folgende Inschrift anbringen lassen: »Ao. 1639 habe ich, Tobias Weller, Churfürstlich Sächsischer Orgelmacher, diese Orgel verfertigt, hätte aber in vielen Dingen besser gemacht werden können, aber die Schuld ist nicht mir zuzuschreiben, sondern dem Herrn Baumeister. Ich vor meiner Person habe Gott gedankt, daß ich's mit Angst und großer Noth soweit gebracht, denn es war damals böse Zeit.«

Damit hatte er wohl sehr recht, denn es war mitten im 30jährigen Kriege, sieben Jahre nach der Schlacht bei Lützen. Dieses zweimanualige Werk mit 26 Registern wurde nun durch die Ladegast-Orgel abgelöst. Eine öffentliche Anerkennung erschien im Weißenfelser Kreisblatt am 5. November 1864. »Nachdem das von dem Orgelbau-

Weißenfelser Kreisblatt, 5. November 1864.
Öffentliche Anerkennung. © Museum Weißenfels

*Orgel in der
Marienkirche,
Weißenfels,
Op. 35, III/41, 1863.
© Museum Weißenfels*

meister Herrn Ladegast hierselbst für unsere Kirche neu erbaute Orgel-Werk durch die königlichen Musik-Directoren Herrn Engel in Merseburg und Herrn Hentschel hier revidiert ist, wollen wir nicht unterlassen, deren Urtheil über das vollendete Werk zur öffentlichen Kenntniß zu bringen. Dasselbe lautet wörtlich darin: ›Daß Herr Ladegast die von ihm übernommenen Verpflichtungen in jeder Beziehung vollständig und mit aller Gewissenhaftigkeit erfüllt hat, und daß die von ihm erbaute Orgel in ihrer hohen Vollendung als ein Meisterwerk dasteht, welches dem schönen Gotteshause zur herrlichen Zierde gereicht, für die Erbauung der Kirchengemeinde den reichsten Segen verspricht und dem bescheidenen Künstler, aus dessen Hand es hervorging, den Dank seiner Mitbürger für Gegenwart und Zukunft sichert. Der Magistrat. Hirsemann‹‹. Dieser Wunsch ist in Erfüllung gegangen. Die Orgel – wenn auch verändert – erklingt noch immer. Die Ladegastschen Werkstätten bauten nicht nur neue Orgeln, sie führten auch Reparaturen aus – in jenem Jahr an der Orgel der Schloßkirche in Weißenfels. Die Orgel stammte aus dem Jahr 1671, Christian Förner (der Erbauer der großen Orgeln im Dom und in St. Ulrich zu Halle) hatte sie gefertigt. Im Jahre 1839 wurde sie durch Johann Friedrich Schulze aus Paulinzella umgebaut und die Registerzahl verkleinert. Friedrich Ladegasts Kommentar zu diesem Werk anläßlich der Stimmung im Jahr 1864 ist bereits erwähnt.

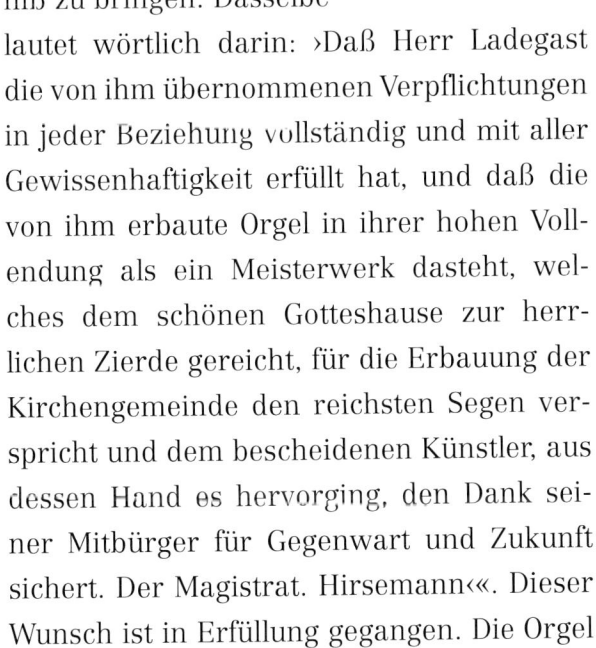

Friedrich Ladegasts Anmerkungen auf den Brettern in der Orgel

WITTENBERG

Im Jahr 1864 entstand ein dreimanualiges Werk mit 39 Registern für die Schloßkirche in Wittenberg.

Der Wittenberger Organist Carl Stein strebte nach einer neuen, modernen Orgel für seine Kirche. Sein Verbündeter, der Orgelenthusiast Amtsrat Krüger, regte an, Friedrich Ladegast nach Wittenberg zu rufen. Am 18. November 1858 legte dieser einen »Anschlag« vor, nachdem er vorher zwei Tage lang die vorhandene Orgel gründlich geprüft hatte: »Der einzige Weg zur Erbauung eines guten Werkes ist ein Neubau mit Beibehaltung des Gehäuses, der Prospectpfeifen und Weiterverwendung einiger Regierwerkstheile und des Gebläses. Daß aber diese, vom Höchsten zur Geburtsstätte der Reformation und zur Ruhestätte des großen Reformators ausersehene Kirche es ganz verdient, auch durch eine, wenn auch nicht große, so doch vorzüglich gute Orgel ausgezeichnet zu werden, dies sollte mich begeistern, wenn ich mit der Erbauung derselben betraut würde, ein ganz dieser geheiligten Stätte würdiges Werk zu liefern.«

Friedrich Ladegast sah eine neue Orgel mit 35 Registern im alten Gehäuse vor, wobei er ankündigte, daß die neuen Pfeifen »nach Silbermannschen Methoden« hergestellt werden sollen. August Wilhelm Bach, Orgelsachverständiger der preußischen Regierung, schlug vier weitere Register vor, die auch bewilligt und gebaut wurden.

Die Abnahme fand am 13. Mai 1864 statt, und Carl Stein berichtet in der Musikzeitschrift »Euterpe« mit einigen interessanten Details über das neue Werk: »Die Stimmen zeichnen sich durchgängig durch ihre höchst treue Charakterisierung aus, jede ist in ihrer Art von überraschender Wirkung und es ist schwer, einer vor den anderen den Vorzug zu geben; einschmeichelnd ist die Viola di Gamba im Echowerk, lieblich und von wunderbarer Naturtreue die Flauto traverso im Oberwerk, kräftig frisch und streichend die Principale. Trompete 8' und Hautbois 8' sind selbst ohne oder doch bei ganz schwacher Deckung zum Cantus firmus trefflich zu gebrauchen, Cornett und Progressio-harmonica geben den tiefen Stimmen einen vorzüglichen Glanz, ohne sie zu überschreien, und hemmen in keiner

*Orgel in der Schloßkirche Wittenberg, Op. 39, III/39, (Op. 38), 1864. 1892 Umbau durch Friedrich Ladegast. Das barocke Gehäuse von Johann Ephraim Hübner von 1768–1771 wurde durch ein neugotisches ersetzt. Die Orgel wurde 1993/1994 von Hermann Eule Orgelbau Bautzen, restauriert, zurückgebaut und erweitert.
© W. Kirsch, Predigerseminar Wittenberg*

Weise die Gleichheit der Stimmführung; unter den Bässen nehmen der Violon 16' und seine Verjüngung Violoncello 8' eine hervorragende Stelle ein, wie denn überhaupt das ganze Pedal in großer Kraft und Fülle erscheint.

Entwurfszeichnung von J. E. Hübner, 1765. Die Gestaltungsalternative auf der rechten Seite ist umklappbar einer ganz symmetrischen Zeichnung angefügt. Was schließlich ausgeführt wurde, ist nicht mehr feststellbar.
© Predigerseminar Wittenberg

Der Reichtum an großen Stimmen, welcher sich aus vorstehender Disposition ergiebt, verleiht dem Werke in seiner Gesammtwirkung einen ernsten, feierlichen Klang, würdig der Grabstätte eines Luther und Melanchthon; berücksichtigt man aber die außerordentliche Schallkraft der Schloßkirche, bei welcher selbst der dünnste oder schärfste Ton eine gewisse Weichheit und Fülle erhält, so ist nicht zu leugnen, daß das ganze Werk durch Zufügung einiger kleiner Stimmen, z. B. Sifflöt, Quinte etc. bedeutenden Glanz gewonnen haben würde. (...) Vorzügliche Anerkennung verdient die ungemein leichte Spielart selbst bei voller Koppelung; die ohne künstliche Hülfsmittel wie Afterventile (sic!) oder pneumatische Maschine bewerkstelligt worden ist; ebenso ist die Leichtigkeit des Regierwerks zu loben. Die sonst üblichen Wellenbretter sind durch Winkelabstracten vermieden und ist dadurch dem Verziehen der Wellen vorgebeugt. Das Gebläse besteht aus 2 doppelt wirkenden Kastenbälgen (Anwendung von Luftpumpen) und 3 Magazinbälgen. Noch sei erwähnt, daß zu genauer Orientierung und zur Verwerthung beim Unterricht in der Orgelbaukunde durch den dasigen Amtsrath Herrn Krüger sämmtliche inneren Orgeltheile mit Zetteln der betreffenden Namen versehen worden sind.

So ist denn diese Orgel als Zierde nicht nur für die ehrwürdige Schloßkirche allein, sondern auch überhaupt für unsere Stadt Wittenberg zu bezeichnen.«

Die erwähnten Zettel sind auf den Ladegast-Pfeifen heute noch vorhanden. Sie sind mit großer Akribie angefertigt, stellen ein Unikum dar und waren bei der Dokumentation des alten Bestands zur Restaurierung recht nützlich. Sie dienten ursprünglich dem Unterricht in der Orgelbaukunde, einem Pflichtfach für alle angehenden Pfarrer im Wittenberger Seminar, das von Carl Stein unterrichtet wurde. Über die in Ladegasts Anschlag genannten Einrichtungen hinaus erwähnt Stein in der Disposition auch den von der Hübner-Orgel (die Vorgängerin der Ladegast-Orgel) übernommenen »Stern«.

Beim Umbau der Schloßkirche 1892/93 wurde auch die Orgel durch ihren Erbauer umgebaut. An die Stelle des Gehäuses der Hübner-Orgel trat ein neues im neugotischen Stil, ausgeführt von dem Wittenberger Hofbildhauer Wilhelm Lober. An der Klanggestalt der Orgel wurde nichts geändert, während die Spieltraktur »zur Erleichterung der Spielart und zur präzisen Ansprache des vollen Werkes« eine Barkermaschine erhielt. »Die Registerzüge sind durchweg mit Röhrenpneumatik versehen«, wodurch die Einrichtung zusätzlicher Spielhilfen möglich

Firmenschild
© *Predigerseminar Wittenberg*

wurde: »2 Kollektivtritte zu Piano- und Forte-Pedal, 1 Kollektivtritt zur Combination des ganzen Werkes«. »Die Orgel gewährt jetzt mit dem prachtvollen aus Eichenholz gefertigten Gehäuse einen großartigen Anblick.« (Zeitschrift für Instrumentenbau 13, 1892/93, S. 99)

Mit der renovierten Schloßkirche wurde die umgebaute Ladegast-Orgel am 31. Oktober 1892 festlich eingeweiht.

Am 7. Februar wurde zwischen dem Direktorium des Predigerseminars und der Firma Ladegast ein Vertrag über Wartung und Pflege der Orgel geschlossen, aus dem hervorgeht, daß der Orgelbauer bis 1897 Garantie auf seine Arbeiten gewährte.

Im Jahre 1935 wurde die Ladegast-Orgel unter dem Motto »In einer ›Lutherkirche‹

muß eine ›Bachorgel‹ stehen« umgestaltet. Die Orgelbaufirma Sauer, Frankfurt/Oder, führte die Arbeiten aus.

Diese Umgestaltung war in ihrem Ergebnis so unbefriedigend und zwiespältig, daß ab 1979 und verstärkt ab 1985 Überlegungen angestellt wurden, die Orgel zu rekonstruieren. Die Firma Hermann Eule Orgelbau Bautzen, erhielt den Auftrag und übernahm die Aufgabe, das Instrument gleichzeitig zu rekonstruieren und zu erweitern.

DIE WITTENBERG-ORGEL HEUTE

Nach einer eingehenden Untersuchung der Orgel durch den Eule Orgelbau Bautzen im Jahre 1985, bei der eine bedeutende Menge originaler Substanz von Ladegast vorgefunden wurde, legten wir 1985 folgende Konzeption vor, schreibt Helmut Werner, Eule Orgelbau Bautzen, in der Festschrift zur Wiedereinweihung der Orgel:

»Der hohe Prozentsatz erhaltener Substanz führt zu der Überlegung, die Ladegast-Orgel zu rekonstruieren, zumal auch die originalen Windladen vorhanden sind. Die fehlenden Register werden nach Auffinden der originalen Disposition rekonstruiert. Um heutiger Dispositionsweise entgegenzukommen, sollte die Orgel ein zusätzliches Werk erhalten, die Platzverhältnisse im Orgelgehäuse lassen das zu. Das neue Werk sollte die klanglichen Lücken ausfüllen, also die Aliquoten, die Klangkrone und den Zungenchor bringen. Grundlage muß sein, das neue Werk der Ladegastschen Mensurationsweise einfühlsam anzupassen, damit es nicht zu einem Fremdkörper wird. Das I. Manual sollte das neue Werk, II–IV. Manual und Pedal die Ladegast-Orgel werden. Das wäre eine saubere Lösung, neue Einbauten sind von der alten Substanz getrennt, der Vorwurf einer Kompromißorgel, der bei einer umdisponierten Ladegast-Orgel kommen würde, könnte nicht erhoben werden... Die Tontraktur wird rein mechanisch gebaut.«

Diese Konzeption diente als Grundlage für alle weiteren Überlegungen und ist in modifizierter Form, das neue Manual betreffend, auch so verwirklicht worden...

Der Sauer-Spieltisch von 1935.
© *Predigerseminar Wittenberg*

Der neue Spieltisch.
© *Predigerseminar Wittenberg*

Blick in das instandgesetzte Pfeifenwerk des Hauptwerkes.
© *Predigerseminar Wittenberg*

ZUM KLANGBILD DER ORGEL

Fast sämtliche originalen Pfeifenreihen der Ladegast-Orgel waren bei einem späteren Umbau mit einem neuen Ton C versehen, die übrigen Pfeifen um einen Halbton weitergerückt und gekürzt worden. Das ursprüngliche C stand also dann auf Ton Cs usf., das f''' kam in Wegfall. Mit dieser Maßnahme ergab sich eine wesentliche Verdickung des ursprünglich von Ladegast beabsichtigten Klangbildes der Orgel.

An den übrigen klangbestimmenden Teilen der Pfeifen, wie Aufschnitten und Kernen, waren nur wenige unwesentliche Veränderungen vorgenommen worden, so daß die begründete Aussicht bestand, bei Wiederherstellung der ursprünglichen Längen der Pfeifen den Ladegastschen Ton wiederzugewinnen, der sich durch »einen ernsten feierlichen Klang« (Carl Stein, 1864) auszeichnet.

Das bedeutete allerdings, daß fast sämtliche noch vorhandene Originalpfeifen verlängert werden mußten. Bei den Metallpfeifen wurde dies in manchen Fällen durch Zulöten der später angebrachten Stimmschlitze erreicht, ein großer Teil mußte jedoch durch Anlöten eines Ringes aus 14lötiger Zinnlegierung (87,5 Prozent Zinngehalt) auf die alte Länge gebracht werden. Das Verlängern betraf auch einen großen Teil der Holzpfeifen, die mit Kiefern- und Birnbaumholz auf das alte Maß gebracht wurden.

Diese immense Arbeit hat sich jedoch gelohnt. Mit fortschreitender Intonationsarbeit an den Ladegast-Registern erlebten wir ein Aufblühen des Klanges in alter Schönheit, und der empfindsame Hörer wird sich diesem Klang, der Wärme, Fülle, Lieblichkeit und Kraft vereint, nicht entziehen können.

Die 1917 im Krieg geopferten Prospektpfeifen, später durch Zinkpfeifen ersetzt, wurden neu in 14lötiger Legierung hergestellt.

Das neue Schwellwerk erhielt Pfeifenmensuren Ladegasts, um eine klangliche Anbindung an den alten Pfeifenbestand zu erreichen. Auch hier wurden sämtliche neuen Metallpfeifen aus 14lötiger Legierung angefertigt...«

So entstand ein Instrument, »das durch seinen Klang, sein Aussehen und seine Funktionsweise Auskunft darüber gibt, ›wie es wirklich war‹ – und nicht, wie wir es heute gerne hätten. In ihrer jetzt gegebenen Gestalt schafft die Wittenberger Schloßorgel gar nicht erst die Illusion, als sei sie ein komplett original erhaltenes Ladegast-Werk. Wer diese Orgel spielt oder hört, erlebt ein Instrument, das seine historischen Wachstumsphasen freimütig vorzeigt. So läßt die Orgel der Wittenberger Schloßkirche den weitgehend unberührt erhaltenen großen Ladegast-Werken in Schwerin und Köthen den Ruhm, wirklich authentisch zu sein.«*

Am Reformationsfest 1994 wurde die neue, alte Ladegast-Orgel geweiht.

* Dr. Holger Brülls
  Landesamt für Denkmalpflege Sachsen-Anhalt

AUFTRÄGE FÜR NAH UND FERN

Drei zweimanualige Orgeln stellt die Weißenfelser Orgelbauer 1867 in Livland auf. Schließlich wurde 1868 noch eine Orgel in den Musiksaal des Herrn Cludoff in Moskau geliefert.

Bei der Vielfalt und dem Umfang der Aufträge platzte die Werkstatt in der Naumburger Straße aus den Nähten. Im März 1865 ging beim Bauamt des Weißenfelser Magistrats das Gesuch von Friedrich Ladegast um Erlaubnis zur Errichtung einer Remise und eines Anbaues (eines) Saales zur Aufstellung von Orgeln ein. Natürlich wurde dieser Antrag eines florierenden Unternehmens, das mittlerweile 17 Mitarbeiter beschäftigte, befürwortet.

In den sechziger und siebziger Jahren wurden viele kleinere Orgeln für Dörfer in die Umgebung von Weißenfels geliefert und auch immer wieder nach Görlitz und Umgebung. In den Jahren 1865 und 1869 lieferte die Ladegastsche Werkstätte zwei Orgeln in die Pfalz – wie es zu diesen Aufträgen kam, ist allerdings bisher noch nicht geklärt. Mehrere Aufträge führte Ladegast in den Jahren 1868–1871 zusammen mit ehemaligen Mitarbeitern aus: mit Geißler in Eilenburg und Rühlmann in Zörbig. Dies war erforderlich, um der vielen Arbeit Herr zu werden, denn bereits 1866 folgte der nächste Großauftrag.

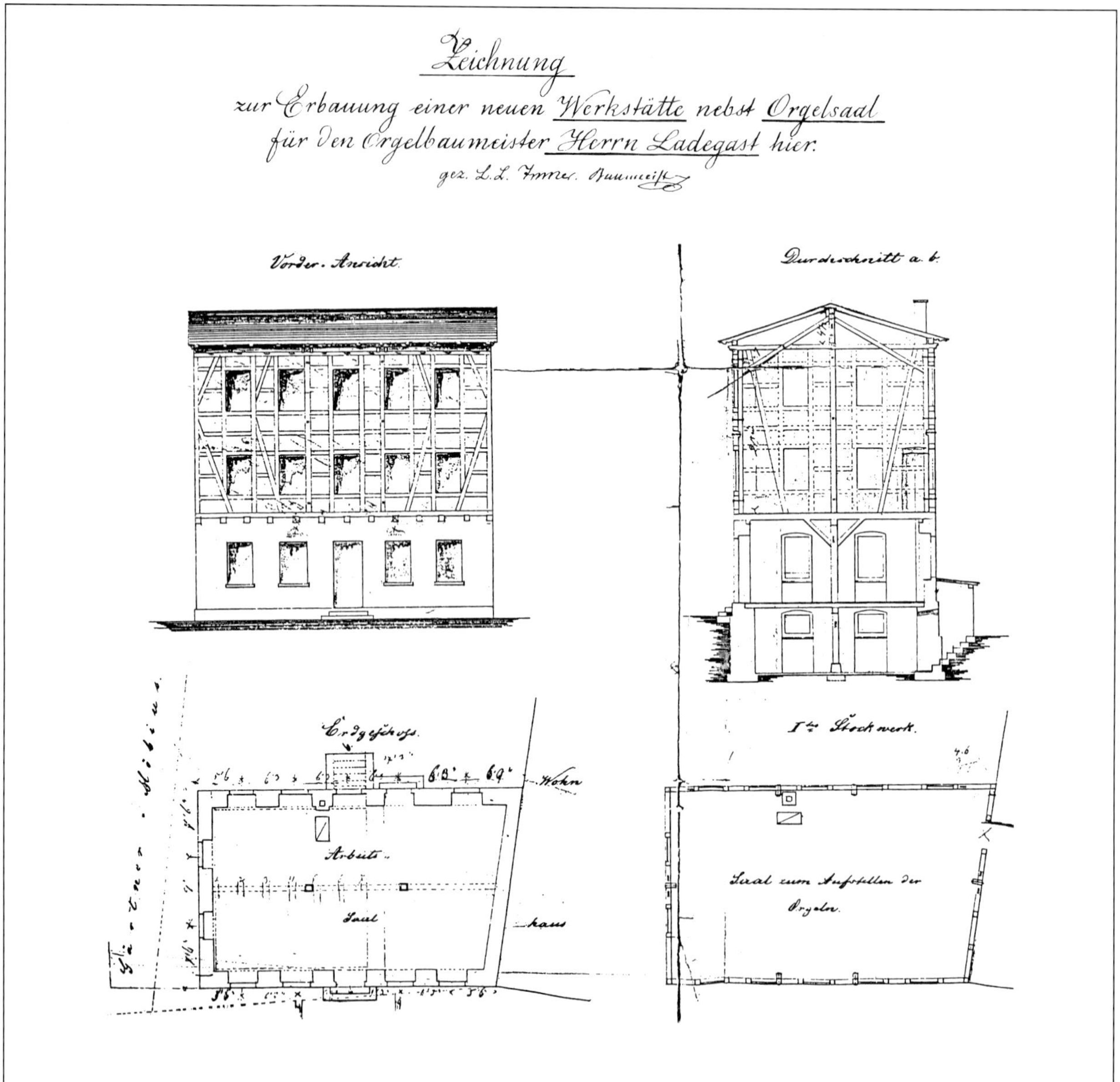
Zeichnung
zur Erbauung einer neuen Werkstätte nebst Orgelsaal
für den Orgelbaumeister Herrn Ladegast hier.
Vorder-Ansicht.
Durchschnitt a. b.
Erdgeschoß
Ister Stockwerk.
Arbeits-
Saal
Saal zum Aufstellen der
Orgeln.

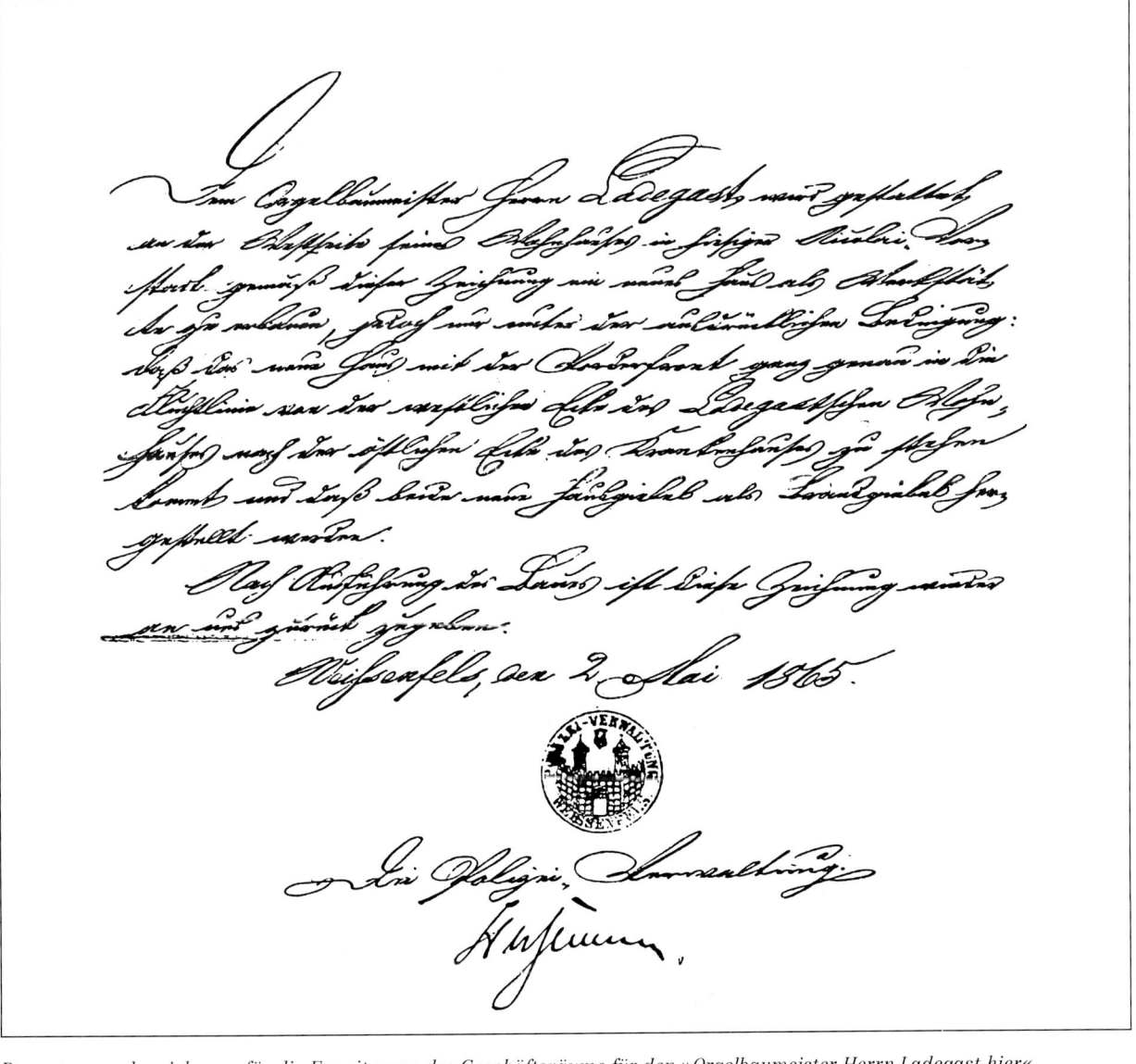

Bauantrag und -zeichnung für die Erweiterung der Geschäftsräume für den »Orgelbaumeister Herrn Ladegast hier«.
© Landratsamt Weißenfels

DIE SCHWERINER DOMORGEL

Am 26. Februar 1866 wurde der Vertrag über die dritte viermanualige Orgel abgeschlossen, die endgültig Friedrich Ladegasts Ruhm in ganz Europa zu seiner Zeit – und auch seinen Nachruhm bis heute – begründete: der Bau der Orgel im Dom zu Schwerin! Der Dom zu Schwerin, eine im 13. Jahrhundert begonnene gotische Backsteinkathedrale, deren Turm erst um 1890 im neugotischen Stil errichtet wurde, wurde 1866/1867 gründlich restauriert und sollte schließlich auch eine neue, seinen gewaltigen Ausmaßen angemessene Orgel erhalten. Zunächst waren 75 Register vorgesehen, von denen 14 aus der alten Domorgel übernommen werden sollten. Hier wie auch in Leipzig machte jedoch Friedrich Ladegast nach Vertragsabschluß einen Vorschlag zur Erweiterung des Instruments. Es war dies sein bewährtes Verfahren, das er bei seinen Projekten oft anwendete und das in der Regel auch zum gewünschten Erfolg führte. So befürwortete die Schweriner Dombau-Commission auf Ladegasts Antrag bei Serenissimo die Vergrößerung, Verbesserung und Erweiterung des Werks und so kam es, daß »Allerhöchstderselbe in bekannter Fürsorge für die Kunst und die Liebe zum Hause des Herrn die sehr bedeutenden Mehrkosten (sie betrugen gegen 5.000 Thaler) Allergnädigst bewilligte.« So überliefert es uns – im Stil der Zeit – J. Maßmann, Großherzoglicher Musikdirektor in Wismar, in seinem 1875 erschienenen Buch »Die Orgelbauten der Residenzstadt Schwerin«, das »Seiner königlichen Hoheit dem Allerdurchlauchtigsten Großherzoge Friedrich Franz in tiefster Ehrfurcht gewidmet« ist.

Das nicht nur für Ladegast sensationell Neue an dieser Orgel liegt natürlich in der

Restaurierung: eingesackte Füße.
© Archiv Alexander Schuke Orgelbau Potsdam

Contract zwischen der Dombaukommission und dem Orgelbaumeister Friedrich Ladegast über den Bau der Schweriner Domorgel. © Domgemeinde Schwerin

Contract über den Bau einer neuen Orgel für die Dom-Kirche in Schwerin.

Zwischen der eingesetzten Dom-Bau-Commission in Schwerin Namens der Domkirche daselbst an einem und dem Orgelbaumeister Ladegast in Weissenfels am andern Theil ist der nachstehende Contract wegen Erbauung einer neuen Orgel für die Domkirche in Schwerin verabredet und abgeschlossen.

§ 1.

Der Orgelbaumeister Ladegast übernimmt für die Dom-Kirche in Schwerin eine neue Orgel ohne Prospekt nach dem angehefteten Plane und Disposition zu bauen, in der Domkirche aufzustellen und in die richtige Stimmung zu setzen.

Derselbe hat die zum Orgelbau erforderlichen Materialien aller und jeder Art, soweit sie nicht nach dem angeschlossenen Plan aus der alten Dom Orgel für die neue Orgel zur Verwendung kommen, anzuschaffen und zu liefern.

Die Ablieferung der neuen Orgel erfolgt spätestens zur Ostern des Jahres 1869.

§ 2.

Technik: Die pneumatischen Hebel für die Register und das Crescendo und Decrescendo des ganzen Werks ... sind neue Einrichtungen, welche keine andere Orgel in Deutschland aufzuweisen hat. Erfunden hat Ladegast die pneumatische Steuerung der Schleifen nicht, Cavaillé-Coll hat sie 1863 und 1866 an seinen beiden größten Orgeln in Paris – Saint Sulpice und Nôtre Dame – erstmals gebaut, und wir dürfen in der Übernahme dieser Novität sicher ein weiteres Indiz für den Austausch zwischen den beiden Großmeistern des Orgelbaus sehen.

Im Mai 1870 legte Ladegast die geplante Disposition in Weimar Johann Gottlob Töpfer vor, der ihm – elf Tage vor seinem Tod – einen Brief mit Anmerkungen übersandte, der mit dem Satz schloß: »Dies wären meine Bedenken und Ratschläge, welche Sie freundlich aufnehmen werden von Ihrem Freund G. Töpfer.«

Es spricht für die souveräne Gelassenheit von Friedrich Ladegast, daß er diese Kritik nicht nur freundlich aufgenommen hat, sondern daß er sie zusammen mit dem kritisierten Entwurf in der »Urania« abdrucken

Restaurierung: eingebautes Glockenspiel.
© *Archiv Alexander Schuke Orgelbau Potsdam*

ließ. Ebenso souverän berücksichtigte er bei der Ausführung der Arbeiten nur einen der von Töpfer kritisierten Punkte: Das dritte Manual erhielt eine Quintflöte $2^{2}/_{3}$'. Die Disposition entspricht im wesentlichen der Leipziger von 1863, bezeichnend ist, daß die in Leipzig noch vorhandenen Register zu $1^{3}/_{5}$', 1' und $1^{1}/_{3}$' in Schwerin fehlen.

Die Inschrift auf dem Notenpult nennt den 13. Januar 1868 als Arbeitsbeginn. Über den Fortgang der Arbeiten informiert Friedrich Ladegast in Briefen:

15. Januar 1870:

»... Der Hauptteil des neuen Werkes ist jetzt in meinem Lokal aufgestellt und das Regierwerk in Arbeit. Sobald dies fertig ist, beabsichtige ich, die neuen Stimmen, welche noch nicht nach Schwerin abgeliefert sind, vor deren Ablieferung zu intonieren und vorzustimmen.«

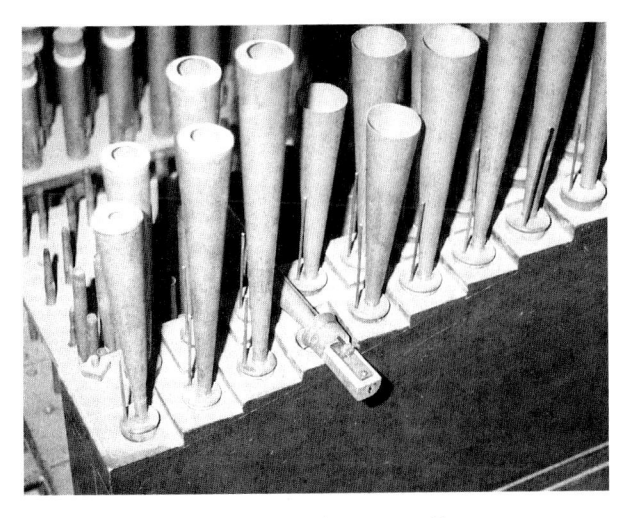

Restaurierung: durchschlagende Zunge – Oboe.
© Archiv Alexander Schuke Orgelbau Potsdam

Restaurierung: Pfeifenwerk III. Manual.
© Klaus-Michael Schreiber

Restaurierung: II. und III. Manual.
© Klaus-Michael Schreiber

Restaurierung: Manualklaviatur mit Koppel.
© Archiv Alexander Schuke Orgelbau Potsdam

3. März 1870:

»... Obwohl die Arbeiten mit 16 bis 18 Mann fleißig betrieben werden, so habe ich bis heute doch noch nicht erreicht, was ich zu erreichen hoffte, nehmlich ein Theil der fertigen pneumatischen Hebel des Regierwerkes. Diese Theile, welche ... viel Arbeit kosten, halten die Sache noch etwas auf ...«

3. August 1870:

»... erlaube ich mir ganz gehorsamst mitzuteilen, daß die für dasige Domkirche bestimmte Orgel in allen ihren Theilen bis zur Translocation an den Bestimmungsort fertig ist. Die Erreichung des ersehnten Zieles hat mich, ich muß es bekennen, bedeutend länger aufgehalten, als wie ich selbst trotz aller Erfahrung gerechnet hatte, nun gebe Gott, daß die eingetretenen beklagenswerten politischen Verhältnisse (Krieg gegen Frankreich) beim Forttransport nicht mehr lange aufhalten. Das Einpacken hat bereits begonnen, doch kann mir der hiesige Bahnhofs-Betriebs-Inspector allerdings noch nicht bestimmt sagen, wenn die Bahn zum Gütertransport wieder offen werde, augenblicklich jagt hier schon seit acht Tagen ein Militärzug den anderen ...«

Alle Lieferungen wurden mit der Bahn abgefertigt, die ersten Orgelteile waren aber bereits am 20. April 1869 abgeschickt worden. Während der Arbeit an der Schweriner Orgel findet sich ein Artikel in der »Urania«, in der der Rezensent über einen Besuch bei Friedrich Ladegast berichtet. Dieser Bericht gibt auch einige Aufschlüsse über das Lebensumfeld von Friedrich Ladegast.

»Die geneigten Leser dieses Blattes haben gewiß die sehr interessante Disposition der großen Schweriner Domorgel in Nro. 7 der Urania, sammt Dr. Töpfer, des unvergeßlichen genialen Hoch- und Großmeisters, letztem Sendschreiben resp. Gutachten über Orgelbauangelegenheiten, mit Interesse durchgegangen. Die Red. hoffte, das neue Meisterwerk bei dessen vollständiger Aufstellung im Schweriner Dom nach einigen Monaten bewundern zu dürfen, als ihr eine freundliche Einladung des berühmten Weißenfelser Meisters die Freude machte, das der Hauptsache nach in dem Bausaale der L. Orgelbauanstalt aufgestellte neue Werk in Augenschein zu nehmen. Nach kurzem Aufenthalte in der Wohnung des genannten Künstlers (Friedrich Ladegast)

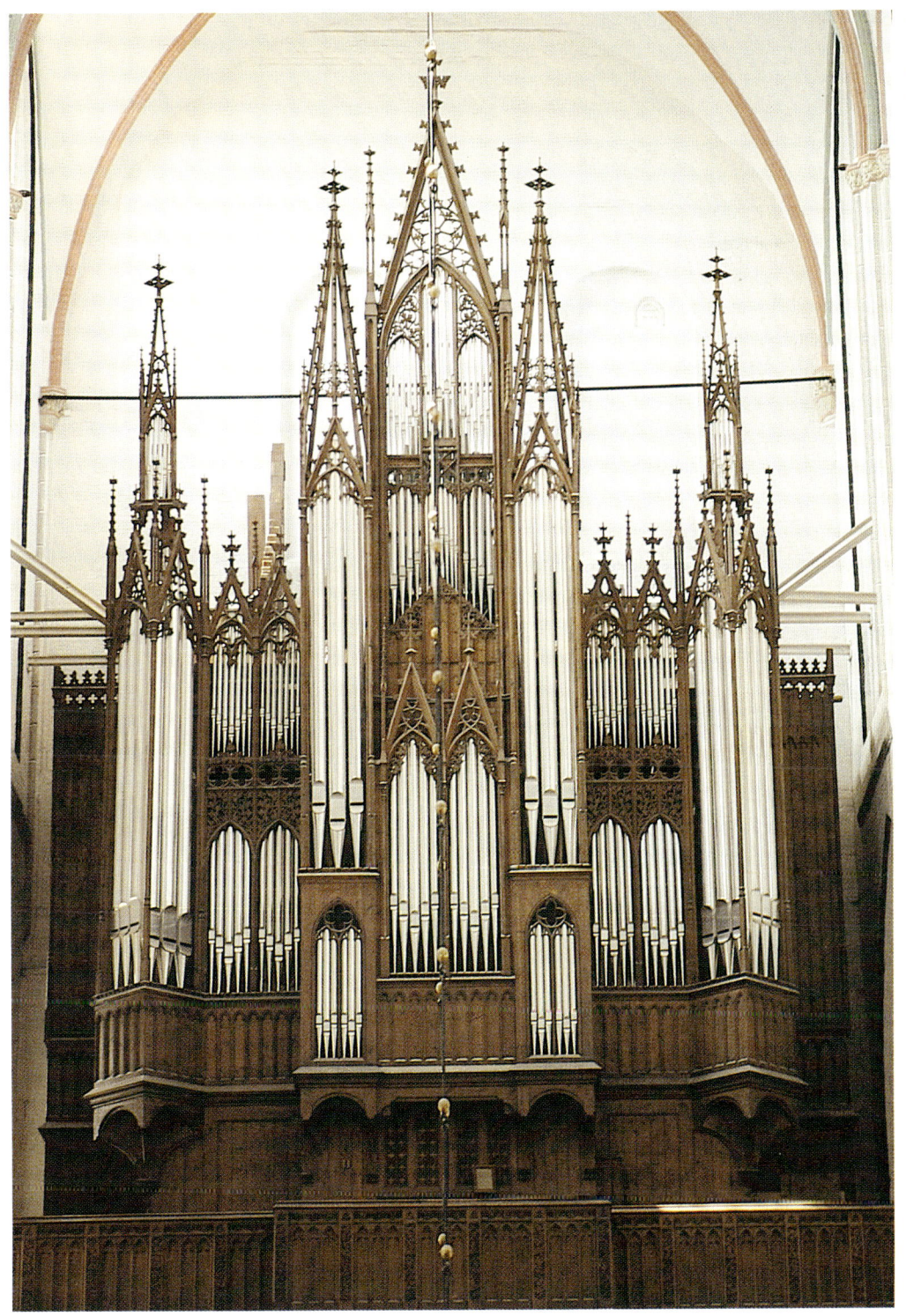

*Orgel im Dom
zu Schwerin,
Op. 58, IV/84
(Op. 61, IV/83), 1871.
© Prof. Reinhardt Menger
Wernigerode*

begaben wir uns durch die geräumigen Arbeitssäle in den stattlichen Bausaal, in welchem der seiner Vollendung nahe Bau in übersichtlicher Weise aufgestellt war. Die 4 Manuale, sammt der Pedalclaviatur mit den 15 Collectivtritten sowie die Registerzüge waren überaus bequem und meisterhaft angelegt. In wirkliches Staunen gerieth aber Ref., als unser Meister die Traktur sowol, als auch die Registratur mit den pneumatischen Hebeln – wenn ich nicht irre, existiren davon in dem fraglichen Meisterwerk nicht weniger denn 300! – spielen ließ.

Eine solche außerordentliche Präzision grenzt an das Zauberhafte. Es macht einen merkwürdigen Eindruck, wenn man Nro. 8 der über dem Pedale angebrachten Messingtritte in drei Absätzen niederdrückt, in einer Minute springen alle 85 Register mit fabelhafter Sicherheit und in sorgfältig berechneter dynamischer Steigerung hervor, und das riesigste Crescendo, was man sich nur irgend denken kann, ist zum Vorschein gekommen. Daß man mit Nro. 9 der Collectivtritte ein ebenso grandioses und sicher wirkendes Decrescendo bewirken kann, und zwar in derselben Zeit, überraschte außerordentlich. Aber man kann nicht nur durch diese Tritte ein wohl noch nirgends in gleicher Vollkommenheit vorhandenes An- und Abschwellen des ganzen Werkes, sondern auch jede beliebige Stimmengruppe durch eine leichte Fußbewegung zum Klingen oder Schweigen bringen. Fürwahr, ein glänzender Triumph des hier nach unseren Erfahrungen zum ersten Male in solcher Ausdehnung und Vollendung durchgeführten pneumatischen Systems, das natürlich auch bei der Traktur entschiedene Dienste leistet, so daß z. B. nicht nur die Coppelung außerordentlich erleichtert, sondern auch, daß das kräftigste und wenig schonende Pedalspiel der Mechanik keinen Schaden bringen dürfte. Es ist in der That bewunderungswürdig, was Meister Ladegast mit einfacher comprimirter Luft zu Stand gebracht hat! Daß das ganze Material von vorzüglicher Güte und außerordentlich sauber verarbeitet worden ist, braucht Ref. kaum zu versichern. Überall fand er Neues, und wirklich Gutes. Vortrefflich waren die vorhandenen Rohrwerke. Um denselben eine prompte Ansprache zu ermöglichen, hatten dieselben auf jeder Windlade abgesperrten Wind; einige derselben, wie Aeoline 16' des 4. Manuales, hatten in der Tiefe an jedem Körper einen kleinen Balg, der die Schwingungen der Zunge mitmachte und die Tonbildung ungemein erleichterte.

Von entschiedenem Werthe halten wir auch die Einrichtung, daß Ladegast den Wind für die obern und untern Pfeifengruppen getrennt zuführen läßt. Ganz besondern Fleiß hat L. auch der Winderzeugung zugewandt, die angewandten Luftpumpen mit den ausgezeichneten Magazinbälgen (mit in- und auswärts gehenden Falten) documentiren die seltene Begabung unsers Meisters.

Hoffentlich sind wir in der Lage, nach Aufstellung dieser Riesenorgel, noch so manches Andere über dieselbe mitzutheilen. Nachdem wir voller Bewunderung von diesem mächtigen Documente menschlichen Scharfsinnes und Kunstfleißes geschieden waren, verfügte sich Ref. nach kurzer Pause in die schön restaurirte Stadtkirche (= Marienkirche), in welcher der genannte Orgelbaukünstler ein vortreffliches Kunstwerk, mit nachfolgender Disposition aufgestellt hat...

Friedrich Ladegast mit dem Verdienstkreuz in Gold des Hausordens der Wendischen Krone.
© *Museum Weißenfels*

In diesem prächtigen Werke gibt es soviel vorzügliche Stimmen, so daß Ref. wohl stundenlang im freien Fantasieren gefesselt worden ware durch die wunderschöne Viola d'amour, Viola di Gamba, Gemshorn, das weiche Salicional nebst dem Lieblichgedackt 8'. Sehr charakteristisch waren auch die Quintatön, sowie die mild intonirten Füllstimmen Quinta und Nassat $2^{2}/_{3}$, welche eine Menge pikanter Klangfarben ermöglichten. Die Violine 2' war leider etwas zu scharf intonirt, wie unser Meister dem Ref. offen gestand. Das volle Werk machte die beste Wirkung und spielte sich, trotzdem keine Pneumatik nachhalf, sehr elastisch und leicht. Hätte Ref. nicht seinem verehrten, vortrefflichen Freunde, Hrn. Musikdirektor und Seminaroberlehrer Ernst Hentschel, mit dem er 1859 nebst Freund Brähmig auf originelle Weise bei der Leipziger Tonkünstler-Versammlung in freundschaftliche Berührung kam, einen Besuch machen wollen, so wäre er jedenfalls stundenlang von der wahrhaft ausgezeichneten Orgel gehalten worden. Ref. fand den rühmlichst bekannten und allgemein verehrten Meister und Pädagogen im erwünschten Wohlsein, so daß zu hoffen ist, der liebenswürdige und verdienstvolle Weißenfelser ›Lehrmeister‹ werde sein in wenigen Jahren fallendes goldenes Amtsjubiläum in rüstiger Kraft und ungetrübter Frische feiern. Das wird in dem schönen Weißenfels ein Zusammenströmen von Schülern, Freunden und Verehrern des anspruchslosen, geistvollen Gelehrten und humanen Mannes werden, zu welchem Feste wir schon im Voraus das beste Gedeihen wünschen! Schnell verstrich unter den anregendsten Gesprächen die Zeit, wobei natürlich auch die großartigen Erfolge unserer deutschen Heere – auch Meisterwerke in ihrer Art, wenn auch andere als E. Hentschel's berühmtes Rechenwerk und Fr. Ladegasts neue Schweriner Orgel – nicht den kleinsten Theil bildeten.*

Auf dem Wege aus dem stattlichen Seminar hatte Ref. noch das Vergnügen, den Direktor desselben, Herrn Schorn, sowie die Seminarlehrer H. H. Müller und Obstfelder, bestens begrüßen zu können. In der Restauration zum ›heitern Blick‹ lernte Ref. auch den tüchtig gebildeten Organisten, Herrn Kabisch, aus W. kennen, der durch seine Feinsinnigkeit, seinen hellen Verstand und seinen treffenden Humor uns männiglich sehr amüsirte. Möge ihm die heitere Lebensanschauung und der heitere Blick noch recht lange vergönnt sein! Als Lexikograph suchte natürlich Ref. auch, sobald ein passendes Räumchen sich darbot, Herrn Ladegast biographisch zu brandschatzen; eine

---

* Es spricht für Friedrich Ladegasts humane Haltung und auch für seinen nüchternen Kaufmannsgeist, daß er den Krieg gegen Frankreich als ›beklagenswerte, politische Zustände‹ bezeichnete.

friedliche Contribution, die sich derselbe nach einigem Widerstreben gefallen ließ. Und so berichten wir: Friedrich Ladegast wurde geboren am 30. August 1818 in Hochhermsdorf (Kreis Leipzig). In der Ortsschule eignete er sich die nöthigen Elementarkenntnisse an, lernte das Elementarische im Orgel- und Clavierspiel, und trat als Lehrling bei dem Orgelbauer Christlieb Ladegast (geb. am 3. Dezember 1813), seinem hochbegabten Bruder, der noch heute als trefflicher Meister in Ladegasts Etablissement die Oberleitung führt und in der Mechanik sehr Hervorragendes leistet, mit vielem Gewinne ein. Von seiner ungewöhnlichen Begabung mag der Umstand sprechen, daß sich der junge Ladegast in seinen Musestunden, ohne fremde Beihülfe, eine kleine Kirchenorgel baute, die noch heute in der Kirche zu Tanneberg bei Mitweida ihre guten Dienste leistet. Später versuchte sich Ladegast und lernte auch in fremden Werkstätten, so z. B. bei Meister Kreutzbach in Borna, bei dem sehr tüchtigen Mende in Leipzig (wo sich Ladegast namentlich eifrigst mit der höheren Mathematik, dem Zeichnen und anderen Hilfswissenschaften seiner Kunst beschäftigte) und Zuberbier in Dessau. Unter Protektion des hochverehrten E. Hentschel etablirte sich Ladegast 1846 in Weißenfels. Wie gar oft dem aufstrebenden Talente und Genie das Aufkommen nicht gerade leicht gemacht wird, so ging es auch dem in Rede stehenden gefeierten Künstler. Sich mit kleinen Reparaturen beschäftigend, bekam er die erste größere Orgel durch den Grafen Zech in Geusa bei Merseburg zu bauen, woran sich das umfänglichere Werk in Hohenmölsen schloß, das so ausgezeichnet gelungen war, daß Ladegast den Umbau der großen Domorgel in Merseburg unter M. D. Engel übertragen erhielt, von wo an sich bekanntlich Ladegasts Künstler-Ruhm datirt. Weitere größere Werke in Memel (44 St.), Schulpforte (32 St.), Leipzig (Nicolaikirche mit 85 St.), Weißenfels (44 St.), Wittenberg (42 St.) und viele kleinere zu B., auch im Auslande (Petersburg, Moskau etc.) entstanden in rascher Folge nach und entsprachen überall den höchsten Erwartungen.

Ladegast ist außerdem sehr glücklich verheirathet, indem er in der Tochter des wackern Organisten Lange, Frl. Bertha Lange, eine ausgezeichnete Lebensgefährtin fand, die ihrem berühmten Gatten nicht nur eine angenehme Häuslichkeit bietet, sondern auch sein künstlerisches Streben einsichtlich unterstützt. Frau Ladegast hat, wie wir mit Vergnügen hörten, ihren kranken Vater öfters und mit Auszeichnung auf der Orgel vertreten, was gewiß nur wenige Frauen anderer Orgelbaumeister im Stande gewesen wären. Diese harmonische Ehe ist mit fünf hoffnungsvollen Kindern gesegnet worden, von denen der älteste, ein hoffnungsvoller Jüngling, schon recht wacker in des Vaters Anstalt thätig ist. Möge es ihm vergönnt sein, des Vaters berühmten Namen mit der gleichen Auszeichnung weiter zu führen!«

Der Bau der Orgel im Dom zu Schwerin muß eine Angelegenheit von nationaler Bedeutung gewesen sein, denn sogar die »Gartenlaube« – in jedem deutschen Bürgerhaus gelesen – berichtete 1871:
»Die ernste Stille des herrlichen Domes zu Schwerin wurde in den Tagen des Monats Mai vom frühesten Morgen bis in die späten Abendstunden durch Schläge des Hammers und der Axt verscheucht. Bald sollte nach rastlosem Schaffen das rauhe Getöse dem wunderbarsten Orgelklange weichen, denn schon verkündeten unter des Künstlers Hand die ersten Stimmen aus metallenem Munde, wie herrlich sie gelungen! Da traten, vom Landesfürsten, dem im letzten Franzosenkrieg vielgefeierten Großherzog geleitet, der Kronprinz des deutschen Kaiserreichs und seine Gemahlin in den Dom. Der Besuch galt dem genialen Orgelbauer Friedrich Ladegast. Bald stand der Künstler im bescheidenen Werktagskleide vor seinen Gästen, und bald konnte er hocherfreut wahrnehmen, wie Alle teilnehmend den großartigen Orgelbau mit all seinen neuen Schöpfungen hinsichtlich Größe und Anzahl der Principal-, Gamben-, Flöten- und Zungenstimmen, sowie die neuen Konstruktionen innerer Teile in einem vollen Bilde zu erfassen suchten. Der Wunsch derselben, daß der Meister sein großes Werk glücklich vollenden möge, ging schon nach einem Vierteljahre in Erfüllung. Am 3. September ertönte zum ersten Male bei kirchlicher Feier der Chor der Stimmen des gewaltigen Werks...

Die 84 klingenden Stimmen der Orgel sind auf 4 Claviere und ein Pedal so verteilt,

Spieltisch der Schweriner Domorgel.
© Klaus-Michael Schreiber

daß ein jedes der beiden Hauptclaviere in zwei Abteilungen gruppiert ist, die 22 Stimmen des Pedals aber in 3 Abteilungen zerfallen ... Vor allem muß erwähnt werden, daß das Werk eine Crescendo- und Decrescendo-Einrichtung besitzt, die großartigste Errungenschaft, welche die Orgelbaukunst Herrn Ladegast verdankt. Mittels eines einzigen Trittes wird hier ein pneumatisches Werk in Bewegung gesetzt, und es treten nach und nach, je nach dem Willen des Spielers, zu der sanftesten Flötenstimme alle übrigen Register in wohlberechneter Ordnung so hinzu, daß zwar im Nu das ganze Werk ertönen, aber auch jede einzelne Stufe des Crescendo beibehalten oder auch zu einem schwächeren Stärkegrad zurückgeführt werden kann. Die Anwendung dieser Konstruktion ist von unbeschreiblicher Wirkung und erhebt die Orgel in der Tat zur ›Königin der Instrumente‹.«

Auch der Musikdirektor und Orgelrevisor Maßmann zeigte sich von dem Werk begeistert. »Aus dem Revisionsbericht über die neuerbaute große Orgel im Dom zu Schwerin 1871

IX. Resultat und Prüfung:

Fasse ich nun alles, was ich durch Auge,

Ohr und Hand geprüft, zusammen, so gereicht es mir zur innersten, aufrichtigsten Freude, dies kolossale Werk, welches der talentvolle Meister Ladegast im Dom zu Schwerin aufgestellt hat, nunmehr die großartigste und hervorragendste Orgel im ganzen deutschen Vaterland, als ein in allen seinen unzählbaren Theilen trefflich gelungenes anzuerkennen. – Wahrlich der Erbauer hat ein Werk geliefert, welches nicht allein in Betreff der Solidität, Accuratesse, Sauberkeit und Eleganz der Arbeit, sowie der zweckmäßigen sinnreichen Einrichtung des ganzen Mechanismus die höchste Verwunderung auf sich zieht, sondern welches auch zu dem Größten und Bedeutungsvollsten gehört, was Orgelbaukunst je geleistet hat. Seine mächtige Kraft und Würde, seine vielseitige Mannigfaltigkeit im Charakter der einzelnen Stimmen steht bis jetzt unübertroffen da.« (J. Maßmann, Großherzoglicher Musikdirektor und Orgelrevisor; Wismar, den 28. September 1871)

Bis auf den heutigen Tag ist dieses Ladegastsche Meisterwerk im Dom zu Schwerin so gut wie unverändert erhalten geblieben. Im Jahr 1982 begann der VEB Potsdamer Schuke-Orgelbau mit der Restaurierung der Orgel. Sie dauerte bis 1988. Seitdem sind alle 84 Register Ladegasts wieder in ihrer ursprünglichen Schönheit zu hören.

Anläßlich der ersten Einweihung vor 117 Jahren hatte Friedrich Ladegast am 10. November 1871 durch den Großherzog von Mecklenburg-Schwerin das Verdienstkreuz in Gold des Hausordens der Wendischen Krone verliehen erhalten, in Anerkennung seiner Verdienste beim Bau der Orgel im Dom zu Schwerin. Das Dankschreiben zeigt Ladegast ganz als Menschen seiner Zeit und schließt mit den Worten:
»Die hochsinnige Devise des Ordens ›per aspera ad astra‹ (dornenreich ist der Weg zu den Sternen) will ich mir fest in das Herz drücken und soll sie mich stets gemahnen in meiner heiligen Kunst auch unter Schwierigkeiten den Muth und Eifer nicht sinken zu lassen, und stets nach den höchsten Zielen zu streben, Werke zu schaffen für die Mit- und Nachwelt, die dem Allerhöchsten zu Lob, Preis und Ehren, seiner Gemeinde aber zur Anbetung, Andacht und Erbauung diene.«

DIE ORGEL DES MUSIKVEREINS IN WIEN

Noch während der Arbeit an der Schweriner Domorgel errang Ladegast einen großen Erfolg bei einem Wettbewerb, an dem sich einige der namhaftesten Orgelbauer in ganz Europa beteiligten. Die Gesellschaft der Musikfreunde in Wien baute 1869 ihr neues Gebäude mit dem inzwischen weltberühmten Konzertsaal. Sie versandte eine Ausschreibung über den Bau der Orgel an die renommiertesten Orgelbauer des Kontinents.

Es waren dies: Ibbach in Barmen, Walcker in Ludwigsburg, Schulze in Paulincella, Merklin in Brüssel, Cavaillé-Coll in Paris und Ladegast in Weißenfels. Die beiden in Wien ansässigen Orgelbauer, deren Ruf nicht so bedeutend war, waren wohl eher der Form halber mitaufgefordert worden. Die vielfach gerühmte Ladegastsche Bescheidenheit sorgte auch hier für den Erfolg. Die Angebote wichen – wie auch heute noch bei allen handwerklichen Leistungen bei durchaus vergleichbarem Umfang – erheblich voneinander ab:

Ibbach projektierte 40 Stimmen
Preis 6.097 Thaler
Ladegast projektierte 44 Stimmen
Preis 6.575 Thaler
Walcker projektierte 44 Stimmen
Preis 15.852 Thaler
Schulze projektierte 46 Stimmen
Preis 10.000 Thaler
Hesse projektierte 45 Stimmen
Preis 16.462 Thaler

Cavaillé-Coll machte die Einsendung eines Projektes überhaupt davon abhängig, daß ihm der Bau der Orgel und seine Preisforderung in Höhe von 100.000 Francs von vornherein zugesichert wurden. Am 18. Mai 1869 erhielt Friedrich Ladegast einstimmig den Zuschlag.

Auch in diesem Fall setzte dann die Nachverhandlung ein wie schon zuvor in Merseburg, Leipzig und Schwerin. Kaum fünf Wochen nach Auftragserteilung waren acht zusätzliche Register vorgeschlagen und vom Auftraggeber bewilligt. Für drei weitere Register wurden Windladen und Spieltisch vorbereitet. Sie hielten kurz nach der Fertigstellung des Instruments 1873 Einzug. Neben den schon vorhandenen Subbaß 16'

Johannes Brahms. © Süddeutscher Verlag

trat ein zweiter, ausdrücklich als sehr stark bezeichneter, Principal 32' und 16', Violon 16' und Quinte 10 $^2/_3$' waren selbstverständlich schon vertreten. Dazu kam eine Posaune 32' und eine Doppelflöte 8' im Hauptwerk. Im übrigen besaß das Instrument die gleichen Einrichtungen wie die Schweriner Domorgel: Barkermaschinen, pneumatische Registertraktur mit Crescendo und freier Kombination, zwei Abteilungen im I. und II. Manual und Pedal.

Die Arbeit an dieser Orgel nahm die Ladegastsche Orgelbauwerkstatt am 1. Oktober 1871 auf, und bereits am 5. November 1872 war die Orgel vollendet. Sie hatte drei Manuale mit Pedal und umfaßte 52 klingende Stimmen mit 3113 Pfeifen.

Bei der Aufstellung der Orgel gab es einen in Anekdoten überlieferten Zwischenfall, der Ladegasts Persönlichkeit beleuchtet:
So erzählte Ladegast einmal von der Zeit, in welcher er die Orgel im Wiener Musikvereinssaale aufstellte, daß er dabei viel gestört worden sei und schließlich, als er, um endlich Ruhe zu haben, voller Ärger im Begriff gewesen, alle Zugänge des Saales abzusperren, noch ein Herr gekommen sei, der auch einmal die Orgel ansehen wollte. Nun war Ladegast ja ein herzensguter Mann, aber er konnte auch »eckig« werden, und so wurde denn der neue Ankömmling einfach abgeschoben. Als das geschehen, sagte ein Einheimischer, der im Saale beschäftigt gewesen war, ganz verdutzt: »Um Gotteswillen – das war doch Brahms«.

Das Programm der Einweihung dieser Orgel spielte Karl August Fischer aus Dresden: Bachs Toccata, Mendelssohns Sonate B und Werke von W. F. Bach und Liszt. Dieses Konzert fand begeisterte Zustimmung, das zweite Konzert auf dieser Orgel nicht – obwohl immerhin Anton Bruckner der Organist war. Die »Urania« (1873/14) fand seine Improvisationen »stark aphoristisch, rein homophon oder figurativ, rosalienhaft«.

KÖTHEN

Gleichzeitig mit der Wiener Orgel entstand die 47-registrige Orgel für die Stadt- und Kathedralkirche St. Jakob in Köthen, erstaunlicherweise ohne Abteilungen, ohne Barkermaschine und pneumatische Registertraktur. Bei der Restauration zum 100jährigen Bestehen der Orgel wurden drei Register umgebaut. Sonst ist das Instrument im Originalzustand. Zum 175. Geburtstag (30. August 1818) von Friedrich Ladegast hat der »Förderkreis Ladegast-Orgel in Köthen« am 1. September 1993 sein erstes Orgelkonzert veranstaltet, das durch einen Vortrag von Prof. Hermann Busch aus Siegen zu Leben und Werk von Friedrich Ladegast und eine Orgelführung mit Besichtigung der Orgel ergänzt und abgerundet wurde. Das Konzert bestand aus Werken von Johann Sebastian Bach, Georg Friedrich Kaufmann, Béla Bártok, Paul Hindemith, Joseph Gabriel Rheinberger und Franz Liszt.

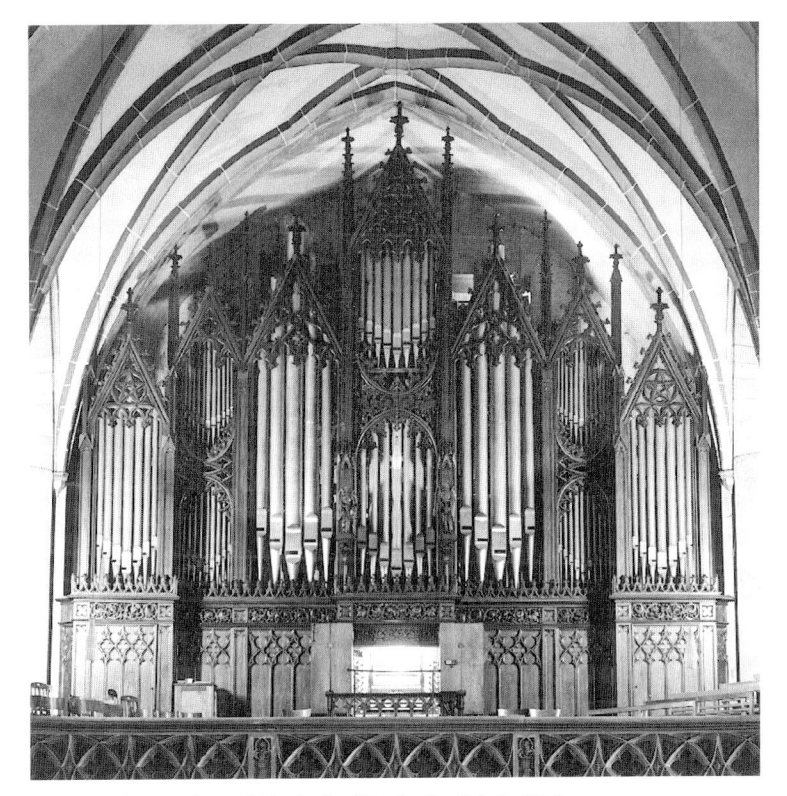

Orgel in der Stadt- und Kathedralkirche St. Jakob, Köthen, Op. 60, III/46 (Op. 62 oder 63, III/47), 1872. Die Orgel wurde 1993/1994 von Christian Scheffler restauriert. © Foto-Kaufmann

ORGELN IN WESTFALEN

Mit dem Bau der dreimanualigen Orgel für die Apostelkirche in Münster, dem Sitz des westfälischen Oberkonsistoriums, erschloß sich Ladegast ein neues Wirkungsfeld. Zwischen 1875 und 1905 wurden zehn Orgeln aus Weißenfels nach Westfalen geliefert, darunter dreimanualige Orgeln nach Siegen (1877) und Altena (1894).

PAULINERKIRCHE IN LEIPZIG

Als nächste große Arbeit wurde 1874 der gründliche Umbau der Orgel der Paulinerkirche in Leipzig abgeschlossen. Das Instrument war 1844 von Johann Gottlob Mende erbaut worden, bei dem Ladegast während seiner Gesellenzeit gearbeitet hatte. Die Veränderungen, die nach 30 Jahren an der Orgel vorgenommen wurden, veranschaulichen am besten, welchen Fortschritt der Orgelbau in dieser kurzen Zeit gemacht hatte. Die Windladen wurden gründlich umgearbeitet, die Mechanik erneuert und mit einer Barkermaschine ausgestattet, die Registertraktur mit pneumatischen Hebeln, das dritte Manual wurde in einen Schwellkasten gestellt. Das Gebläse wurde vollständig erneuert. Alle Labialregister über 8' wurden von Mende übernommen, fast alle Labialen zu 16' und 8' sowie die Manualzungen und die Posaune 32' fertigte Ladegast neu.

Diese Orgel hatte ein gewaltsames Ende. Sie wurde – mitten im Frieden – am 30. Mai 1968 zusammen mit der Kirche gesprengt. 125 Jahre hatte sie bestanden, mehrfach wurde sie erweitert und umgebaut, zuletzt 1948 durch Hermann Eule Orgelbau Bautzen.

Paulinerkirche Leipzig um 1700

NAUMBURG

1863 erteilte der Naumburger Magistrat dem damals schon weltbekannten Weißenfelser Orgelbauer Friedrich Ladegast den Auftrag für einen Orgelneubau in der St.-Marien-Magdalenen-Kirche. Ladegasts Entwurf und ursprüngliche Planung sah ein zweimanualiges Werk mit 19 Registern vor. Aufgrund der geringen Akustik des Raumes bat er zugleich, die zweite Empore in der Kirche zu entfernen, um das Instrument zu vollkommener Geltung bringen zu können. Nachdem seinem Wunsch entsprochen war, konnte Ladegast 1869 das Orgelwerk mit 23 Registern einbauen.

Der damalige Organist Friedrich Brauer berichtete über die Orgelabnahme:
»Die neue Orgel in der St.-Marien-Kirche zu Naumburg a/S., erbaut von dem berühmten Orgelbauer Ladegast aus Weißenfels, wurde am 16. Oktober 1869 geprüft und abgenommen. Sie ist, wie sich das von solchem Meister nicht anders erwarten läßt, in jeder Beziehung ein vortreffliches Werk. Das dazu verwendete Material ist überall von bester Beschaffenheit, die Arbeit selbst durchgängig sehr sauber und accurat. Die Intonation in vorzüglichem Grade gelungen. Die Wirkung der einzelnen Stimmen erweist sich als schön und charakteristisch, die des ganzen Werkes als imposant und mächtig. – So steht das Werk zur Zierde der Kirche, zur Freude der Kirchengemeinde und zur Ehre seines Erbauers in hoher Vollendung da.«

Die Orgel wurde seitdem nicht verändert und zählt heute zu den am besten erhaltenen Ladegast-Instrumenten.

SIEGEN

Über die Geschichte der Orgel der Nikolaikirche in Siegen wird berichtet: Am 14. Oktober 1877, also vor nunmehr einem halben Jahrhundert, wurde die Orgel in der Nikolaikirche geweiht. Sie trat an die Stelle eines, wie der damalige 1. Pfarrer Bott in einem Berichte schrieb, vor 300 Jahren erbauten Werkes. Auf einem an denselben Pfarrer gerichteten Zettel, der sich in alten Papieren fand, steht zu lesen: »Nach bestimmter Aussage des Herrn Kirchenältesten Wilh. Göbel ist die Orgel im Jahre 1582 erbaut worden.« Die Unterschrift besteht leider nur aus dem Buchstaben »K«. Dage-

*Orgel in der
St.-Marien-
Magdalenen-Kirche,
Naumburg,
Op. 55 II/23
(Op. 58) 1869.
© Photo-Tempel*

gen berichtet der »Siegener Anzeiger« des Herrn Buchholz am 11. August 1877: »...dieselbe wurde nach Ausweis einer städtischen Chronik 1689 erbaut und, irren wir nicht, 1756 renoviert, wie eine an der Vorderseite der Orgel angebrachte Inschrift besagte.« Jedenfalls aber hat die alte Orgel Jahrhunderte lang der Gemeinde gedient – ein Beweis, wie gewissenhaft damals die Orgelbauer arbeiteten, und wie gut die Stoffe waren, welche sie verwandten, eine Mahnung aber auch an alle Kirchengemeinden, beim Neubau einer Orgel nicht zu geizen, weil ein solches Werk vielen Geschlechtern dienen soll und bei guter Beschaffenheit dienen kann. Die Orgel hatte folgende Register:

1. Bordun 16'   7. Quinte 3' (?)
2. Prinzipal 8'   8. Mixtur, 2–4fach
3. Gambe 8'   9. Kornett 3fach
4. Gedackt 8'   10. Oktave 2'
5. Oktave 4'   11. Oktave 1'
6. Flöte 4'   12. Trompete 8', Diskant 2'

Merkwürdig ist, daß das selbständige Pedal fehlt, die Pedaltasten sind an die betr. Manualtasten angehängt. (Register sind die einzelnen Pfeifenreihen; die Zahl der Pfeifen entspricht der Tastenzahl; eine Ausnahme die sog. Füllstimmen, Kornett, Mixtur und dergleichen ›16‹ bedeutet 16 Fuß und bezeichnet die Länge der größten Pfeife einer Reihe. Jede Pfeifenreihe soll eine eigene Klangfarbe erzeugen: so sind die Prinzipale die grundtönigen, die klangvollsten Stimmen; die Gambe war nur eine Kniegeige, etwas kleiner als ein Cello – in einem »Meisterkonzert« wurde eine gespielt –; deren streichenden Ton sollen also die Gambenpfeifen nachahmen; der Flötenklang ist bekannt; die Gedackte sind mit einem Stöpsel verschlossene Pfeifen, sie klingen – wie jeder Junge sich an seiner Weidenflöte schon überzeugt hat – 8 Töne tiefer als offene; das Salizional soll in der Klangfarbe einer Schalmei aus gewickelter Rinde mit einem weichgebissenen Weidenmundstück ähneln; in der Trompete flattern Zungen wie in einer Mundharmonika, nur ungleich größere. – Eingehende Belehrung würde an dieser Stelle zu weit führen; wer solche wünscht, dem stehe ich an der Orgel gerne zur Verfügung.)

Gegen Ende des 18. Jahrhunderts ergibt sich die Notwendigkeit, die Orgel, welcher offensichtlich die regelmäßige Pflege durch einen Orgelbauer fehlte, auszubessern. 1791 reicht Orgelbauer Loos zu Niederndorf einen Kostenanschlag ein; am 3. Juli 1797 kommt ein Vertrag zwischen dem genannten Orgelbauer und der Gemeinde Siegen zustande, wonach der erstere die Instandsetzung der Orgel für 460 Thaler übernimmt; ein Aufenthalt am Orte, der 3 Monate währt, wird ihm für Kost und Wohnung mit 64 Thlr. vergütet. Der größte Teil der Summe wurde durch Sammlungen aufgebracht, die sich von Dillnhütten bis nach Niederschelden – so weit reichte das Kirchspiel Siegen – erstreckten. Trotzdem scheint es mit der Bezahlung gehapert zu haben: Wiederholt wird »Ehren-Pfarrer Achenbach« zu Siegen vom Konsistorium in Dillenburg (gez. Bierbrauer) angewiesen, dem Loos die Restsumme auszuzahlen und über die Sammlung Rechnung zu legen; letzteres geschieht erst 1800. Auch dann nimmt das Konsistorium zu allerlei Ausstellungen Anlaß, und die Antwort des Pfrs. A. ist so eigenartig, daß sie hier folgen möge: »Zuvörderst läßt sich nicht wohl begreifen, wie K. zu solchen Bemerkungen sich herabläßt, da solche Bemerkungen zu

Orgel in der Aula der Landesschule Pforta,
Op. 106, II/11, (Op. 114), 1884.
Inschrift in der Orgel:
»Der erste Ton war vormittags 10.30 am 28. 2.«.
© Museum Weißenfels

machen eigentlich den Rechnungsabhörern zukommt. Oder soll diesen durch diese Bemerkungen, durchaus Fehler zu finden zur Pflicht gemacht werden? Es scheint so. Überhaupt kann nur der, welcher durchaus Fehler finden und tadeln will, um den Rechner zu schikanieren, vergessen, daß bei solchen Sammlungen falsches Geld mitläuft, die Gaben flüchtig gezählt und eingetragen werden ...«

Recht behäbig und gemütlich wurden damals Geschäfte erledigt; in einer Rechnung ist zu lesen: »Bei Abschluß des Vertrages mit Schullehrer Feller, Orgelbaumeister Loos, einem Kirchenältesten und einem Zunftmeister verzehrt 3 Thlr. 12 Gr.« Die Orgel prüfte nach vollendeter Arbeit der Präzeptor Steup aus Dillenburg »wozu derselbe einige Tage sich hier aufhalten mußte«.

1820 wurde wieder Geld zum Umbau der Orgel gesammelt; das Ergebnis ist 97 Thlr. 2 Gr. 3 H. Diesmal reinigte Orgelbauer Rötzel die Orgel. In der Liste der freiwilligen Beiträge finden sich Namen von Familien, die heute noch im Siegerland vertreten sind.

Von nun an kam die Orgelbaufrage nicht mehr zur Ruhe. November 1837 erbot sich Orgelbauer Ad. Ibach Sohn aus Barmen, Schäden an der Orgel und am Gebläse, dessen Belederung brüchig geworden ist, abzustellen und ein besonderes Pedal einzubauen. Oktober 1845 unterbreitete Lehrer und Organist H. Daub dem Kirchenvorstand einen Kostenanschlag des Orgelbauers H. Loos aus Niederndorf, bestätigend, daß die von letzterem angeführten Mängel vorhanden sind und deren Behebung notwendig ist, »weil man bei jetzigem Zustand der Orgel sein Spiel nicht der Predigt und dem Feste, sondern allein der verstimmten Orgel anpassen muß«. (Hut ab!) Erfolg hatte er nicht. Anfang der 50er Jahre wurden die Bänke neu gestrichen, und die Orgel erhielt eine neue Vergoldung. Damals beklagte sich ein Herr J. H. Möh, daß er und andere die Farbe an den Bänken mit nach Hause nehmen durften, und bot dem Kirchenvorstand seinen Rock als Beweis an.

Auf Aufforderung des Sup. Kreutz schrieben die Organisten Ortmann und Rontz am 29. Mai 1870 eine Zusammenstellung der von ihnen an der Orgel entdeckten Mängel. In demselben Jahre beschloß die kirchliche Gemeindevertretung, durch Umlagen jedes

Jahr 200 Thlr. für eine neue Orgel zu sammeln und zurückzulegen.

1874 wurde diese Summe auf jährlich 300 Thlr. erhöht. In demselben Jahre aber wurde der Entschluß gefaßt, sofort den Bau eines Werkes in Angriff zu nehmen, »damit auch das gegenwärtige Geschlecht sich an einer guten Orgel erfreuen kann«. Dieser Beschluß fand die Genehmigung der Aufsichtsbehörden, und so wurde denn eine Orgelbaukommission gebildet; ihre Mitglieder sind an anderer Stelle genannt.

(Ein Organist findet sich in diesem Ausschuß nicht. Ja, so ändern sich die Zeiten: Um 1795 saß der Schullehrer-Organist mit einem Kirchenältesten und einem Zunftmeister im hohen Rat; 1874 wurde der Organist einfach ausgeschaltet; nirgends ist ein solcher genannt, und daß er wie weiland Siegfried unter einer Nebelklappe die Geschehnisse mitgeleitet hätte, ist doch wohl nicht anzunehmen.)

Nachdem der Neubau endgültig beschlossen war, liefen von den verschiedensten Seiten Kostenanschläge ein. Die Verhandlungen über dieselben geben ein trübes Bild. Zunächst wurde es in der Basengasse lebhaft: da rühmte eine Tante die von Meister X gelieferte Orgel; dort pries ein Vetter das Werk des Herrn U; ein Korpsbruder empfahl den Meister Z. Auch der Wettbewerb der Orgelbaumeister war zum Teil unfein: einer behauptete, der andere habe seinen Plan abgeschrieben, ein dritter beschuldigte in einem Briefe an Pfr. Bott ein Mitglied des Ausschusses, es empfehle den betr. Orgelbauer zu nutz seines Geldbeutels, und berief sich auf Mitteilungen eines hiesigen Gasthofbesitzers. Das Züngleinander Waage neigte sich schließlich zugunsten des Orgelbauers Friedrich Ladegast in Weißenfels, der damals eine Reihe berühmter Werke gebaut hatte, und dem von allen Seiten die besten Zeugnisse ausgestellt wurden. Denn das muß jeder dem Orgelbauausschuß zugestehen und nachrühmen: Er arbeitete mit Vorsicht – und zog da, wo Ladegast Orgeln gebaut hatte, Erkundigungen ein. (Von Ladegastschen großen Werken seien genannt die Orgeln im Konzertsaal der Gesellschaft der Musikfreunde in Wien mit 60 Stimmen, im Dom zu Merseburg, im Dom zu Schwerin, die ihm einen Händedruck des damaligen Kronprinzen Friedrich Wilhelm eintrug – und in der Nikolaikirche zu Leipzig. An den letzteren drei Orten wurde nachgeforscht.) Am 13. Januar 1873 reichte Ladegast einen Kostenanschlag ein, in dem er darauf hinwies, daß gerade durch die von ihm eingebaute pneumatische Maschine (eine M., die durch Winddruck die unter den Pfeifen liegenden Ventile zieht und so die Spielart bedeutend erleichtert) die Orgeln in Wien, Schwerin und Leipzig so großen Beifall gefunden haben. Am 22. Juli 1875 genehmigte das Konsistorium in Münster einen Vertrag, wonach Ladegast eine Orgel von 38 Registern für 13.371 M. (ohne Gehäuse) zu bauen sich verpflichtet.

Nun erhob sich ein Streit über den Platz, an welchen die neue Orgel gestellt werden solle. Die alte stand im Gewölbe vor dem Turm, aber wie ein Schwalbennest oben an die Decke geklebt, so daß unter ihr der Durchblick zum Turmraum freiblieb und vom Turmfenster (das jetzt die nach Siegen verlegte Bergpredigt zeigt) Licht auf die Empore unter der Orgel fallen konnte. Vielleicht wirft die Tatsache, daß auf dieser Empore die Magistratsbänke lagen, einiges Licht auf diese Unstimmigkeiten, die viel Staub aufwirbelten. Offenbar hatte die ausschlaggebende kirchliche Körperschaft beschlossen, die neue Orgel in den Raum vor dem Turm, aber tiefer, auf die untere Empore zu setzen, und es war gegen diesen Beschluß beim Konsistorium Einspruch erhoben worden; denn am 25. Mai 1875 entschied das letztere, daß der Beschluß der Gemeindevertretung vom 18. April in gültiger Weise gefaßt worden sei und keine Veranlassung zu einer nochmaligen Beschlußfassung vorliege. Aber die Leute, welche den in Aussicht genommenen Platz nicht hergeben wollten, ruhten nicht, so daß das Konsistorium die Platzfrage an Ort und Stelle prüfen ließ und seine Stellung zu derselben am 6. September 1875 in einem Gutachten aussprach, das so wertvoll ist, daß es hier folgen möge: »Wir können uns namentlich vom architektonischen Standpunkte aus nicht für die Aufstellung der Orgel im Thore (d. i. der Fürstenstuhl) aussprechen, bestimmen vielmehr, daß sie auf dem bisherigen Platze an der Westseite der Kirche aufgestellt wird. Die Apsis (das Thor) ist für den Altar und den Geistlichen bestimmt; die Anbringung von Sitzplätzen für die Gemeinde daselbst ist ganz außergewöhnlich; ebenso ist auch nicht bekannt, daß bei nur einigermaßen monumentalen Kirchen die Orgel sich im Thor befindet; wohl aber befindet sich dieselbe im Seitenschiff resp. im westlichen Teil des Hauptschiffes. Die Orgel ist wesentlich zur Unterstützung des Gesanges der Gemeinde und gehört so sachgemäß in die Mitte der Gemeinde, also ins Seitenschiff resp. Mittelschiff der Kirche. Die Bedenken, die Orgel im Westen anzubringen, wegen der höheren Temperatur durch die Sonne, treffen nicht zu, da der Turm im Westen vorliegt; der Turmbogen wird durch eine Bretterwand gegen den Turm zu schließen sein, eine Maßnahme, welche auch der Akustik der Orgel zugute kommt. Um die Lichtverminderung, welche hierdurch entsteht, zu beheben und der Akustik wegen wäre die Beseitigung des Fürstenstuhles sehr erwünscht; es fragt sich nur, ob dadurch nicht die Zahl der Sitzplätze zu sehr vermindert wird.«

Superintendent Roth in Neunkirchen bemerkt dazu: »Was die Entfernung des Fürstenstuhles anbelangt, so gebe ich zur Erwägung anheim, ob es wohlgetan ist, dies alte Denkmal an unsern glorreichsten Fürsten zu entfernen.« Am letzten Julisonntag 1877 weist am Schluß des Hauptgottesdienstes Pfarrer Bott darauf hin, daß dies die letzte Andacht gewesen sei, zu welcher die Orgel gespielt habe; er läßt zum Abschied von derselben nach dem Segen das Lied Nr. 3 »Jehovah« (!!) anstimmen. Der Versuch, mit der alten Orgel eine andere Kirchengemeinde zu beglücken, mißlang glücklicherweise. Die einzelnen Teile wurden verkauft. Die weißen, mit geschnitzten Girlanden und vergoldeten Kapitälen verzierten Säulen fanden sich später am Kaffeehäuschen von Geffert's Garten (dem heutigen Kaisergarten).

Anfang August (1877) kamen die einzelnen Teile der Orgel hier an, wurden in der Kirche ausgepackt und von vielen Einwohnern besichtigt. Der »Siegener Anzeiger« schrieb darüber: »Wenn man die großartigen Holz- und Metallpfeifen betrachtet, so begreift man schon jetzt, welche erhabenen Klänge dieselben demnächst in die Gewölbe der Kirche entsenden werden.« (Einige der größten Zinnpfeifen stehen im Gesichtsfeld der Orgel; sie sind nicht stummer Zierat, wie vielfach angenommen wird. Die größte Holzpfeife im Baß ist etwa 5 m

107

Spieltisch der Orgel in der Aula der Landesschule Pforta.
© Museum Weißenfels

lang, 285 mm breit und 315 mm tief. Der Leser möge sich diese Maße einmal sichtbar machen; er bekommt dann auch eine leise Ahnung davon, welche Menge Wind eine Orgel verbraucht.) Vor dem Turm wurde durch den Maurermeister H. Schneck eine waagrechte gewickelte Decke eingebaut; die Standfläche der neuen Orgel. In der ersten Hälfte des Oktober waren die Arbeiten so weit gefördert, daß die Orgel durch den Hoforganisten Prof. Gottschalg aus Weimar geprüft werden konnte; das Endergebnis faßte derselbe in die Worte zusammen: »Das Werk ist als ein durchaus gelungenes und meisterhaftes zu bezeichnen.«

Die Einweihung wurde auf den 14. Oktober festgesetzt. (Über den Verlauf derselben berichtet eine weiter unten abgedruckte Urkunde). Am Vorabend bei einer Probe der mitwirkenden Männerchöre spielte Prof. Gottschalg das Flötenkonzert von Rink. Am Nachmittage des Festtages gab derselbe Meister in Gemeinschaft mit den Chören ein Kirchenkonzert mit folgenden Stücken:

1. Kirchliche Festouvertüre über »Ein feste Burg« (Nicolai)
2. Chor: »Die Himmel rühmen« (Beethoven)
3. Tokkata und Fuge (Joh. Seb. Bach)
4. Adagio (Mozart)
5. Allegretto (Beethoven)
6. Konzertfantasie (Töpfer)
7. Charakterstück (Schumann)
8. Präludium (Liszt)
9. Tröstung (Liszt)
10. Variationen über »Heil dir im Siegerkranz« (Rink)

Den Chor, zu dem sich die Männergesangvereine »Cäcilia«, »Lätitia«, »Liedertafel«, »Orpheus«, »Männergesangverein der Bürgergesellschaft« und einige Mitglieder des »Hofmannschen Gesangvereins« zusammengeschlossen hatten, leitete Musikdirektor Hofmann. Am Abend sammelten sich viele Herren beim Festessen im Hotel Koch, und in mancherlei Reden wurde gepriesen, was jeweils dem Redner preislich schien.

Und endlich, ganz, ganz zuletzt, meldet sich auch ein Organist zum Wort – Ronte hieß der mutige Mann – und versprach, die Orgel in guter Hut zu halten.

Über Bau und Einweihung findet sich in der Orgel folgende Urkunde:
Unter der glorreichen Regierung Sr. Majestät des Kaisers und Königs Wilhelm I., als Herr Keil Landrat des Kreises Siegen, Pfarrer Roth zu Neunkirchen Superintendent der Synode Siegen, Pfr. Karl Bott 1. ev. Pfr. Joh. Jüngst II. ev. Pfr. Jul. Winterhager III. ev. Pfr. der ev. Gemeinde Siegen, welche in Stadt und Land 13.300 Seelen zählte, als Herr Wilh. Göbel Kirchmeister der Gemeinde war, wurde am 14. Oktober 1877 die Orgel in der Nikolaikirche eingeweiht. Gesungen wurde von einem Männerchor zuerst das Lied »Lobe den Herren«, dann nahm Pfr. Bott die Orgelweihe vor, die Gemeinde sang nach einem Orgelvorspiel des Hoforganisten Gottschalg das Lied »Sei Lob und Ehr«, es folgte die Festpredigt des Pfrs. Winterhager über Psalm 150, dann sang der Männerchor mit Orgelbegleitung »Ach bleib mit deiner Gnade«, nach dem Schlußgebet stimmte die äußerst zahlreich versammelte Gemeinde noch an »Komm in uns, dich zu verklären«. Am Nachmittag fand eine geistliche Musikaufführung unter Mitwirkung des Männerchores durch den Orgelrevisor, Herrn Hoforganisten Gottschalg, vor zahlreichem Publikum statt. Die ersten Organisten der Gemeinde, welche auf der neuen Orgel spielen, heißen Ronte, Reusch, Weber. Das wohlgelungene Meisterwerk des sehr renommierten Orgelbaumeisters Friedrich Ladegast aus Weißenfels, welches an die Stelle einer vor 300 Jahren erbauten Orgel mit 15 Registern, einem Manual und einem angehängten Pedal trat, kostet auf Grund eines Vertrages vom 12. April 1875 fünfzehntausend Mark, wozu noch Tischler-, Anstreicher- und Vergolder-Arbeiten kommen, ausgeführt von den Meistern Tillmann, Pieper, Kahler zu Siegen. Die Orgelbauangelegenheit wurde Namens der kirchlichen Vertretung geleitet von einer Orgelbau-Kommission, in welcher bis zur Beendigung der Arbeiten tätig waren die Herren Pfr. Bott, Wilh. Göbel, J. Vogel, Mitglieder des Presbyterii, Dr. Ernst, E. Göbel, H. Grimm, J. Marz, Dr. Richter, E. Schulte, Mitglieder der Repräsentation; während der

Verhandlungen war gestorben das Mitglied W. Pätsch.

»Möge die durch Gottes Gnade glücklich vollendete Orgel allezeit einer zahlreich versammelten Gemeinde dienen und viele, viele Jahre zum Lobe des Höchsten ermuntern können! Das walte der Herr, hochgelobt in Ewigkeit! Amen!« Bott, Pfr.

Darunter steht von anderer Hand: »Ich bin gebaut von Friedrich Ladegast in Weißenfels, Prov. Sachsen, fertig geworden am 5. Oktober 1877. Am 17. September habe ich hier in diesem Gotteshause den ersten Laut in dem Choral ›Ach bleib mit deiner Gnade‹ von mir gegeben. Eingeweiht am 14. Oktober von Dr. Gottschalg in Weimar. Beim Aufbau haben geholfen Fr. Wiegand, Max Rödiger, Thynolf.«

So stand denn eine gute Orgel auf dem denkbar günstigsten Platz. Auf der Rückseite war sie gedeckt durch einen Teil der Turmmauer und eine Bretterwand, was die Schallwirkung günstig beeinflußte; an beiden Seiten lag sie etwa um Schulterhöhe tiefer als der Fußboden der Emporen; den Boden bildete eine ziemlich schalldichte Decke. Die mit jedem Orgelspiel, zumeist aber mit dem Spiel an einer mechanischen Orgel verbundenen Geräusche waren auf diese Weise gedämpft und in der Kirche kaum vernehmbar. Die Bälge lagen in gleicher Höhe mit der Windlade des Hauptmanuals und dicht hinter der Orgel, so daß die Windzuführung durchaus vorteilhaft war. Auch der Umstand, daß die Orgel auf derselben Seite der singenden Gemeinde ertönte, konnte für den Zusammenhang und Zusammenklang des Kirchengesanges nur nutzbringend sein. Dazu war der Organist für den größten Teil der Kirchenbesucher unsichtbar.

KEGELLADENORGELN AUS DER WERKSTATT LADEGAST

Nach 1880 waren die Kegelladenorgeln auch bei Ladegast in der Mehrzahl. Kegelladen hatten die großen Werke in
Spandau Nikolaikirche 1880 III/45
Rudolstadt 1882 III/33
Weidenau bei Siegen 1883 II/27
Wernigerode 1885 III/33
Chemnitz St. Jacobi 1887 III/62
Chemnitz St. Petri 1888 III/58
Mittweida 1888 III/42
Braunschweig St. Andreas 1883 III/50.

WERNIGERODE

Über die Orgel in Wernigerode schrieb der Orgelrestaurator Gernot Schmidt in einem Gutachten des VEB Potsdamer-Schuke- Orgelbau vom 14. Juli 1978:

»Die Orgel steht auf der Westempore und fügt sich mit ihrem neugotischen, klingenden Prospekt harmonisch in den Kirchenraum ein, der im wesentlichen seine Raumausstattung während der Renovierung im letzten Viertel des 19. Jahrhunderts erhielt, nur der Altar und die Kanzel stammen aus früherer Zeit.

Die Orgel selbst wurde im Jahre 1885 von dem berühmten Weißenfelser Orgelbauer Friedrich Ladegast erbaut, und sie reiht sich würdig in die ca. 200 Instrumente ein, die er im Zeitraum von ungefähr 50 Jahren erbaute. Der größte Teil der Schaffensperiode von Friedrich Ladegast fiel in die Zeit der Hochromantik, der noch guten Orgel. Erst mit zunehmendem Einfluß seines zweiten Sohnes Oscar setzte sich um 1890 die Pneumatik durch, und nach 1900 verlor die bekannte Werkstatt ihre Bedeutung. Alle Ladegast-Orgeln sind in vorzüglicher

St. Johannis, Wernigerode.
© Kirchengemeinde St. Johannis

Handwerksarbeit ausgeführt und zeigen den spezifisch-romantischen Klanggeist ihres Erbauers...

Die Disposition zeigt uns die ganze Fülle der Hochromantik in einer kleineren dreimanualigen Orgel, die die ganze Breite der Klangnuancen für erstrebenswert hält... In technischer Hinsicht ist diese Orgel ein interessantes Instrument des 19. Jahrhunderts, ein Bindeglied zwischen der Nicht-mehr-Schleiflade und der Noch-nicht-pneumatischen Registerkanzelle ... Drei Eingriffe sind in unserem Jahrhundert in die Orgel erfolgt. 1917 wurden sämtliche Zinnprospektpfeifen für Kriegszwecke abgegeben und später durch Zinkpfeifen ersetzt. Zu einem uns unbekannten Zeitpunkt entfernte man den Diskant der Trompete 8'/I und ersetzte ihn durch minderwertige, falsch mensurierte Zungenstimmen. Außerdem wurde die Pedalfüllung mit ihrem Rahmen und den Kombinationstritten ausgebaut. Abgesehen von diesen Eingriffen ist die gesamte Substanz der Orgel original Ladegast, und es gibt wenige Orgeln aus der Hochromantik, die sich so unverändert erhalten haben. Wir empfehlen deswegen, diese Orgel unter Denkmalschutz zu stellen, um so auch Instrumente aus dieser Epoche für die romantische Musik zu erhalten... Leider ist der Zustand der Orgel mit »schlecht« zu bezeichnen. Sie ist stark verschmutzt, so daß kaum noch eine ordentliche Stimmung möglich ist. Auch sind hier wieder in einzelnen kleinen Registern von Pfuschern die Pfeifen mit der Hand gestimmt worden... Für diese Orgel kommt nur eine gründliche Restaurierung in Frage... Die klanglichen Arbeiten müssen sich streng nach dem von Friedrich Ladegast festgesetzten Konzept richten... Durch eine gewissenhaft ausgeführte Restaurierung würde der langsame Verfall der Orgel aufgehalten und das Instrument wieder in alter Schönheit erstehen, so wie es Friedrich Ladegast ursprünglich konzipiert hat.«

Links oben:
Orgel in der Stadtkirche, Altenburg,
Op. 91, III/40, (Op. 92 III/38 – Op. 99 III/39).
© Dietl, Altenburg

Links unten:
Orgel in der Kirche St. Petri, Chemnitz,
Op. 117 III/58, (Op. 125 III/53, III/56), 1888.
Gehäuse und Pfeifenmaterial erhalten.
© Günter Schmidt, Chemnitz

Rechts oben:
Orgel in der Kirche »Zu unserer lieben Frauen«, Mittweida,
Op. 116, III/40 (Op. 124, III/42), 1888.
Prospekt und Pfeifenmaterial um 1931 beim Neubau
durch Gebr. Jehmlich, Dresden, verwendet.
© Zuckerriedel, Mittweida

Rechts unten:
Orgel in der Ev.-luth. Kirche, Ehrenhain,
Op. 112, II/18, (Op. 120), 1886.
© Brehm, Ehrenhain

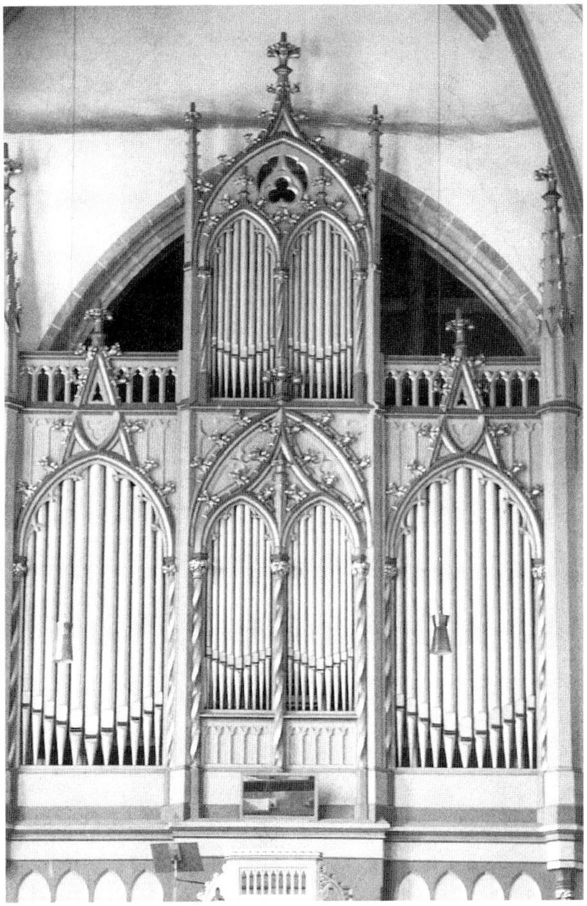

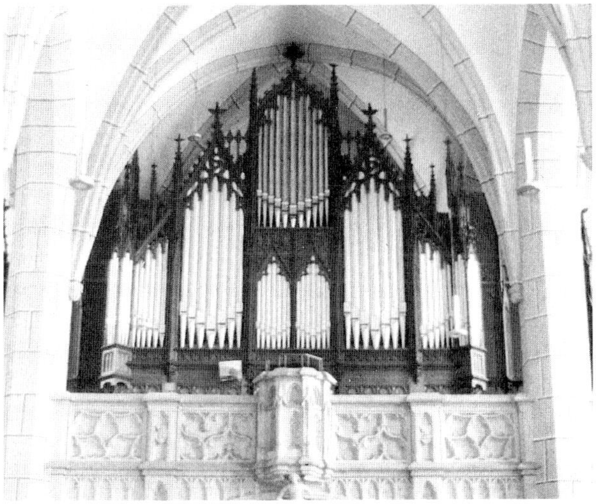

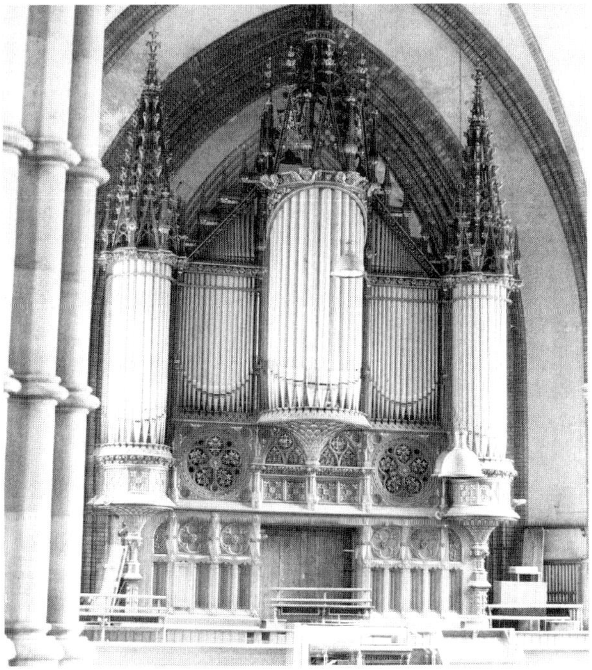

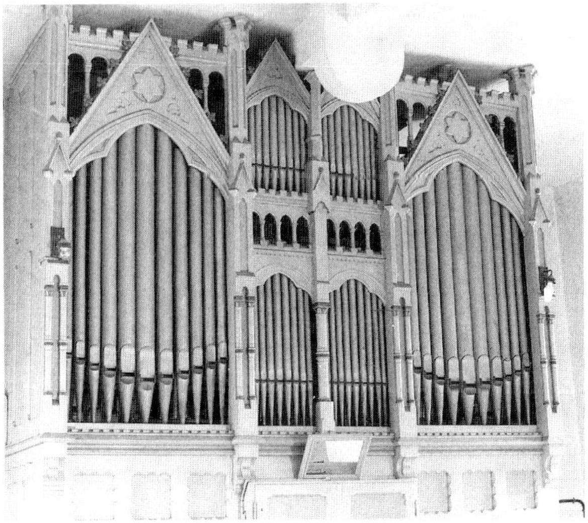

LADEGASTS ORGELN: GENIALITÄT UND EXZELLENTES HANDWERK

Gotischer Altarschrein von 1415 – Festtagsseite – in der Kirche St. Johannis in Wernigerode.
© *Professor Reinhardt Menger, Wernigerode*

Links:
Orgel in der St.-Johannis-Kirche, Wernigerode, Op. 108, III/33, 1885.
Die Orgel wurde 1991 von Alexander Schuke Orgelbau, Potsdam, restauriert.
© *Professor Reinhardt Menger, Wernigerode*

> **Votum des Gewandhausorganisten zu den Arbeiten an der Ronneburger Orgel vom 12.02.92**
>
> Die in der Stadtkirche zu Ronneburg befindliche Orgel des bekannten Orgelbauers Friedrich Ladegast gehört zu den wertvollsten historischen Instrumenten Thüringens. Ihr Vorzug gegenüber anderer Ladegast'scher Instrumente vergleichbarer Größe liegt in ihrem nahezu originalen Erhaltungszustand (nur ein Register wurde in der zweiten Hälfte unseres Jahrhunderts umdisponiert!)
>
> Sie ist im Moment die einzig original erhaltene dreimanualige Ladegastorgel. Dreimanualige Instrumente beispielsweise in Rudolstadt, Weißenfels oder Altenburg wurden sehr stark verändert. Überdies steht dieses Ronneburger Instrument in einem akkustisch sehr günstigem Raum. Der beharrlichen Pflege der Ronneburger Kantoren ist es zu danken, daß dieses Instrument spielbar geblieben ist; allerdings ist eine grundlegende Restaurierung der technischen Anlage und des Pfeifenwerkes dringend geboten und unabwendbar.
>
> Man sollte hierbei den Einsatz großer finanzieller Mittel nicht scheuen, denn diese Orgel wird nach abgeschlossener Restaurierung ein Magnet für Organisten und Hörer sein. Natürlich böte es sich an, in diesem Zuge auch die Innenrenovierung der Kirche vorzunehmen und eine funktionierende, dem Raum, seinen Kunstwerken und nicht zuletzt der Orgel entsprechende Heizung einzubauen um den Raum auch in der kalten Jahreszeit nutzen zu können.
>
> Eine genaue Bestandsaufnahme der Orgel ist notwendig um die einzelnen Restaurierungsvorhaben bestimmen zu können. Ich erkläre mich gern bereit, bei der Vorbereitung und Durchführung der Restaurierung beratend mitzuhelfen.
>
> Michael Schönheit
> Gewandhausorganist zu Leipzig

Votum des Gewandhausorganisten Michael Schönheit zu den Arbeiten an der Ronneburger Orgel vom 12. 2. 1892.
© *Kirchengemeinde Ronneburg*

RONNEBURG

In fast originalem Zustand ist die Ladegast-Orgel (III/31), die am 1. Juli 1879 – am 2. Pfingstfeiertag – in Ronneburg eingeweiht wurde. Die Orgel wurde damals von der Sparkasse Ronneburg gestiftet.

Die Manuale II und III haben eine mechanische Traktur, Manual I eine Barkermaschine, das III. Manual besitzt einen mechanischen Schweller. Das Werk hat pneumatische Forte- und Pianoauslösung mittels Fußhebel, pneumatische Koppeln III/I und II/I. Das Gehäuse wurde nach einem Entwurf von Baurat Dr. Mothes (Leipzig) und von dem Ronneburger Kunsttischler Ernst Albert Jung angefertigt, die Firma Ladegast führte die Prospektverzierung aus. Im Jahre 1938 hat Orgelbaumeister W. Schmidt aus Schmölln die Ronneburger Orgel gründlich überholt. Am 20. Juni 1993 wurde die Orgel nach erneuter Restauration durch die Firma Rösel & Hercher aus Saalfeld mit einem festlichen Konzert mit dem Gewandhausorganisten Michael Schönheit an der Orgel eingeweiht. Der Ostthüringer Vocal- und Instrumentalkreis feierte zugleich sein zehn-

*Orgel in der
Stadtkirche St. Marien
Ronneburg,
Op. 87, III/32,
(III/31) 1880.
Die Orgel wurde
1992/1993 durch
Rösel & Hercher Orgelbau
Saalfeld, restauriert.
© Kirchengemeinde
Ronneburg*

Spieltisch der Orgel in der St.-Marien-Kirche, Ronneburg.
© Rösel & Hercher

jähriges Jubiläum und präsentierte sich zusammen mit dem Kammerchor und Orchestermitgliedern der Schloßkapelle Saalfeld und Orchestermitgliedern des Gewandhauses zu Leipzig und der Philharmonie Gera. Das Programm des Festkonzertes umfaßte Werke von Johann Sebastian Bach, Joseph Rheinberger und Max Reger.

Eine Bleistift-Inschrift aus dem März 1883 – von Friedrich Ladegast? nach ihrem Text würde sie zu ihm passen – lautet: »O Plaget den Lehrling hier nicht mehr!... Sondern nur einen Katzenbuckel mach Dummheit und Schlechtigkeit gegenüber!!«

RUDOLSTADT

Die Rudolstädter Ladegast-Orgel von 1882 hatte ursprünglich eine der Ronneburger Orgel ganz ähnliche Disposition. Dem Klangideal der Orgelbewegung entsprechend wurde später eine Reihe von Registern zur Aufhellung eingebaut. Die Spieltraktur ist mechanisch, die Registertraktur pneumatisch, die Pfeifen der Manuale stehen auf Kegelladen, die des Pedals auf Schleifladen. Der Orgelprospekt ist von 1636.

Das Gehäuse ist erhalten, ebenso Teile des Pfeifenmaterials. Vermutlich sind auch die Windladen in einem Neubau erhalten.

CHEMNITZ

Die Orgel der Jacobikirche (III/62) in Chemnitz wurde 1888 mit einer Sinfonie für Orgel und Orchester des »sächsischen Orgelkönigs« Carl August Fischer eingeweiht. Carl August Fischer wurde 1828 in Ebersdorf geboren und war ein berühmter Orgelvirtuose und Komponist. Diese Orgel ist nicht mehr erhalten – sie wurde um 1912 von Gebr. Jehmlich, Dresden, abgebaut.

Bauzeichnung für die Orgel in der Kirche St. Jacobi, Chemnitz, Op. 115, III/62 (Op. 123), 1887, 1945 zerstört.
© Museum Weißenfels

HERMSDORF

1884 erneuerte Friedrich Ladegast die Orgel in seinem Geburtsort Hochhermsdorf. Über den Bau der ersten Orgel findet sich 1824 eine erste Notiz in den Akten des Kirchenarchivs zu Hermsdorf. 1829 ist diese Orgel dann fertiggestellt worden. 1864 wurde die Orgel repariert und neu gestimmt. 1870 erfolgte der Aus- und Wiedereinbau der Orgel wegen Reparaturen an der Decke der Kirche. In den Kirchenakten heißt es dazu: »Bald zeigten sich zahlreiche Mängel an der Orgel, die einen gründlichen Umbau dringend nötig machten. Als Hauptmängel an der Orgel wurden die hohe Stimmung und die große Klangfarbenarmut angeführt. Im August 1882 fertigt der Orgelbaumeister Ladegast aus Weißenfels – ein Hermsdorfer Kind – einen Kostenvoranschlag für einen gründlichen Umbau der Orgel an, der sich auf 2400 Mark beläuft. Dazu kam später noch eine Nachforderung, die sich durch die Verlegung der Treppe auf den Kirchboden und andere, nicht vorhergesehene Defekte ergab. Am 20. November 1882 wurde zwischen dem Kirchenvorstand zu Hermsdorf und dem Orgelbaumeister Ladegast ein ausführlicher »Contract« abgeschlossen. Nach diesem sollte die Orgel bis Ende August 1883 fertiggestellt sein. Diese Orgel war das 108. Werk Ladegasts, wie eine Bleistiftnotiz am inneren Firmenschild der Orgel besagt. Auf einer Holzflöte steht mit Bleistift folgende Bemerkung:

»Im Kirchenholz zu Hermsdorf gewachsen. Im Jahre 1836 zu Pfeifen für Tannenberg verarbeitet. 44 Jahre in Tannenberg gewesen. Nach Weißenfels gewandert und im Jahre 1884 wieder hierher.« Weiter findet sich an derselben Stelle eine Andeutung über bitteres Unrecht, das ihm, dem Orgelbaumeister, in Leipzig »von einigen jetzt lebenden Organisten und einem Kantor« zugefügt worden ist.

In den Kirchenakten heißt es:
»In langen Friedensjahren erklang nun diese neue zweimanualige Orgel bei Freud und Leid zu Gottes Lob und Ehre in unserem Gotteshause, bis der große Krieg auch ihr seine Spuren aufdrückte. Im April 1917 wurde der Kirchenvorstand zu Hermsdorf aufgefordert, die Meldung über die abzuführenden Zinnpfeifen sofort abzugeben. Nach

Orgel in der Ev.-luth. Kirche, Hermsdorf, Op. 107, II/14, (Op. 115 II/13), 1884. © Wiegand Sturm Rochsburg

Kirche in Hochhermsdorf, dem Geburtort von Friedrich Ladegast

einigen flüchtigen Notizen in den Akten sind die fraglichen Prospektpfeifen wahrscheinlich im Mai 1917 herausgenommen und abgeliefert worden. Es waren dies 29 Stück Pfeifen im Gesamtgewicht von 52,6 kg. Die leere Öffnung der Orgel wurde mit einem grünen Fahnentuche zugehangen. Dieses verschoß ziemlich schnell und war bald grau. So bot die Orgel viele Jahre hindurch einen wenig schönen Anblick dar; denn in der schlimmen Zeit des Verfalls nach dem Weltkriege war es nicht möglich gewesen, die Pfeifen durch neue zu ersetzen. Schließlich wurde der Wunsch, wieder ein vollständiges Orgelwerk zu besitzen, in der Gemeinde immer stärker, so daß nach den nötigen Vorarbeiten in der Zeit vom 22. Mai bis 2. Juni 1933 endlich die längst nötigen Erneuerungsarbeiten von Orgelbaumeister Schmeißer, Rochlitz, an der Orgel vorgenommen werden konnten. Die Orgel wurde gereinigt, neue Prospektpfeifen und ein neues Register wurden eingefügt. Dazu kam ein vollständiger Umbau des Pedals. Am ersten Pfingstfeiertag 1933 konnte die erneuerte Orgel geweiht werden.

LEUTENBERG

Die Orgel in der Stadtkirche zu Leutenberg wurde um 1890 von den Gebrüdern Peternell aus Seligenthal bei Schmalkalden begonnen und um 1895 von Friedrich Ladegast & Sohn vollendet. Das III. Manual hat Harmoniumregister, wie sie von den Peternells gern benutzt wurden und in Seligenthal noch erhalten sind. Prof. Töpfer und Orgelrevisor Gottschalg arbeiteten um 1860 gern mit den Peternells zusammen: Sie richteten sich nach Töpfers Theorien.

Die Orgel ist weitgehend unverändert erhalten.

St.-Laurentius-Kirche, Parum.
© Foto Ebel, Güstrow

PARUM

Die Anfrage nach der Orgel in der kleinen, dreijochigen Kirche St. Laurentius zu Parum erbrachte interessantes Material: Die Parumer Orgel ist also schon eine Gemeinschaftsarbeit der beiden Generationen Ladegast. Wir wissen aber aus vielerlei Quellen, daß Ladegast sen. in den 90er Jahren noch mit vollen Kräften mitgearbeitet und die Fäden fest in der Hand gehabt hat. Das Parumer Instrument ist also ganz sicher durch seine Hände gegangen. Auch den Vertrag mit dem Großherzoglichen Amt

LADEGASTS ORGELN: GENIALITÄT UND EXZELLENTES HANDWERK

Orgel in der Kirche St. Laurentius, Parum, Op. 138, I/7, 1891.
Die Orgel ist das älteste erhaltene Instrument mit Röhrenpneumatik in Mecklenburg.
Sie wurde 1995 durch Wolfgang Nußbücker instandgesetzt.
© *Foto Ebel, Güstrow*

Bützow (18./21. Juni 1890) hat Friedrich Ladegast selbst unterzeichnet.

Wir haben allen Grund, die Parumer Orgel als das Werk des 73jährigen Friedrich Ladegast einzuschätzen.

Weitere Bedeutung erhält die Parumer Orgel dadurch, daß sie nach heutigem Wissenstand die 1. oder 2. Orgel Ladegasts ist, die er vollpneumatisch baute; vor 1891 hat er allenfalls Teilwerke pneumatisch angeschlossen. Das ist eine wichtige Feststellung, sie erklärt auch die noch nicht ausgereifte pneumatische »Technologie« in Parum. Man muß dazu auch wissen, daß jeder Orgelbauer damals defacto gezwungen war, sein eigenes pneumatisches System zu entwickeln und wenn möglich patentieren zu lassen, wenn er nicht an den Patent- und Lizenzgebühren anderer Systeme finanziell ausbluten wollte. Leider sind gerade dadurch die wirklich guten pneumatischen Patente, z. B. die von Walcker, Ludwigsburg, oder Sauer, Frankfurt/Oder, nicht allgemein akzeptiert worden.

Noch wichtiger ist die Neuentdeckung, daß nicht die Teterower Schlag & Söhne-Orgel (abgenommen am 15. September

1891), sondern eben die Parumer (abgenommen am 12. April 1891) der erste pneumatische Orgelbau in Mecklenburg überhaupt war!*

1950 stellte der Güstrower Domorganist Brahms den schlechten Zustand der Orgel fest, um 1970 war die Orgel nicht mehr spielbar. Dank dem tatkräftigen Einsatz dreier Gemeindemitglieder (Hubert Pfützenreuter, Andreas Teydte, Dietrich Bräutigam) wurde die Orgel wieder spielbar. Die Idee, die Orgel abzubauen und »auszuschlachten« wurde so glücklicherweise nicht verwirklicht. Nach mehreren Reinigungen und Stimmungen wird die Orgel 1995 durch die Orgelbauwerkstatt Nußbücker aus Plau repariert und wird – wiewohl eine Denkmalsorgel – regelmäßig im Gottesdienst »gebraucht«.

PNEUMATISCHE TRAKTUR

Zu Beginn der neunziger Jahre des vorigen Jahrhunderts beginnt auch der Siegeszug der rein pneumatischen Traktur. In den Jahren 1890 bis 1892 gingen alle namhaften deutschen Orgelbauer endgültig zur Röhrenpneumatik über, und auch in Weißenfels entstanden 1891 die ersten rein pneumatischen Orgeln. Seit 1888 firmierte das Unternehmen als Friedrich Ladegast & Sohn. Die Einführung der Pneumatik lag wohl eher in den Händen des Sohnes Oscar als beim inzwischen siebzigjährigen Senior. Eine frühe pneumatische Ladegast-Orgel hat sich in der Nähe von Siegen erhalten und ist im Jahr 1975 auf Anregung von Professor Hermann J. Busch von der Firma Klais, Bonn, restauriert worden. Das Werk aus dem Jahr 1894 hat 17 Register und weist eine recht simple und mit großer Verzögerung vor allem in der Ansprache funktionierende Pneumatik auf, die den Vergleich mit den hochentwickelten, wesentlich präziser arbeitenden pneumatischen Systemen von Zeitgenossen – Sauer, Röver oder Walcker – nicht aushält. Auch das Klangbild dieser späten Ladegast-Orgel mit seiner Gradlinigkeit erschien wohl den verfeinerten Ansprüchen des fin du siècle veraltet.

* Pastorin Ingeborg Bräutigam
  Kirchgemeinde St. Laurentius, Parum

POSEN UND REVAL

Zwei repräsentative Aufträge kamen in den siebziger Jahren aus dem Osten: eine dreimanualige Orgel für die Kreuzkirche in Posen – die unverändert erhalten ist – und die bis dahin viertgrößte Orgel Ladegasts für die Ritter- und Domkirche in Reval, 1878 mit 58 Registern auf drei Manualen fertiggestellt. »Auf besonderen Wunsch des Herrn General-Superintendenten Dr. Schulz« – so ist auf dem Titelblatt zu lesen – gab Ladegast eine »Kurze Beschreibung der neuen Orgel in der Ritter- und Domkirche zu Reval nebst Andeutungen über den Gebrauch derselben« im Druck heraus. Mit diesen »Andeutungen« findet sich Ladegast im Kreis jener Orgelbauer, die für ihre Instrumente Registrierungsanweisungen hinterlassen haben. Das berühmteste Beispiel hatte Gottfried Silbermann mit seinen Registrierungen für Großhartmannsdorf und Fraureuth gegeben. Zunächst beschreibt Ladegast einige Möglichkeiten, mit Hilfe der pneumatischen Kombinationstritte Crescendi und Decrescendi auszuführen. Dann stellt er sich die Aufgabe: »Es soll in das Spiel mit vollem Werke ein Satz im pp ohne Manualwechsel gespielt werden und unmittelbar wieder das volle Werk einsetzen.« Mit Hilfe der Schieber 3 und 5, die das Registercrescendo und -decrescendo betätigen und des Trittes Nr. 7, der die freie Kombination auslöst, ist dies leicht zu bewerkstelligen. Aufschlußreich für die Registrierpraxis des späten 19. Jahrhunderts sind aber vor allem die »Zusammenstellungen passender Stimmungsgruppen zu Chorälen verschiedenen Charakters«, die Ladegast zum Schluß mitteilt. Für den Choral »Befiehl Du Deine Wege« wird vorgeschlagen: Im I. Manual Gambe 8', Flauto amabile 8', im II. Manual Rohrflöte 8', Flauto traverso 8', Viola 8', Salicional 8', im III. Manual Viola d'amour 8', Gedackt 8', Flauto dolce 8', im Pedal Gedackt 16', Cello 8', Baßflöte 8' und Flöte 4'. »Am Bußtage und Todtenfeste« soll gezogen werden: in I Bordun 16', Flauto amabile 8', Doppelflöte 8', in II Rohrflöte 8', Flauto traverso 8', in III Lieblich Gedackt 16' und 8', im Pedal Untersatz 32', Gedackt 16', Baßflöte 8'. »Am Weihnachtsfest und ähnlichen frohen Festtagen« treten dann zu einer stattlichen Grundlage von 16' und 8' einige 4' und die Waldflöte 2', eine etwas stärkere Registrierung für solche frohen Festtage fügt dem neben weiteren 8' und 16' die Rauschpfeife im Hauptwerk und Harmonia aetherea samt Aeoline im Schwellwerk hinzu, alle anderen Mixturen und Zungen werden erst im Vollen Werk gezogen.

SCHLEIFLADE ODER KEGELLADE?

Eine unscheinbare Bemerkung in dieser Schrift führt wieder zurück auf das Gebiet der orgelbautechnischen Probleme und Entwicklungen. Über die sonstigen Einrichtungen des Werkes ist vermerkt: Die Orgel hat Schleifladen. Kegelladen wurden nicht gewünscht. Die Erfahrungen, welche man in dortiger Gegend mit Kegelladen gemacht hatte, waren die Ursache.

Dies ist eine Anspielung auf die Auseinandersetzung, die in der deutschen Orgelwelt Ende der 1870er Jahre hohe Wellen schlug. In Estland hatte Eberhard Friedrich Walcker 1842 seine erste Orgel mit den von ihm neu entwickelten Kegelladen aufgestellt, ein Werk mit 12 Registern für die Lutherische Kirche in Kegel. Im Hause Walcker hält sich daher die Überlieferung, daß die Kegellade nicht nur wegen der Form ihrer Ventile, sondern wegen ihrer erstmaligen Anwendung in dem Ort Kegel am Fluß Kegel so genannt wurde.

In den siebziger Jahren des vorigen Jahrhunderts begannen nun verschiedene norddeutsche Orgelbauer und Organisten, die bisher in Süddeutschland verbreitete Kegellade zu propagieren und ihre Vorzüge gegenüber der traditionellen Schleiflade herauszustellen. Daß man nun dort, wo man die längsten Erfahrungen mit Kegelladen hatte, ausdrücklich Ladegasts Schleifladenorgel vorzog, erfüllte Friedrich Ladegast sicher mit Genugtuung. Dies um so mehr, da er sich wegen seines Festhaltens an der Schleiflade scharfer Kritik ausgesetzt sah. Ein Postsekretär, der sich als Schriftsteller in Orgelfragen verstand, inszenierte zwischen 1877 und 1880 eine Pressekampagne zugunsten der Kegellade. In der »Urania« nahm Ladegast in einem Beitrag mit dem Titel »Schleif- und Kegelladen auf der Mensur« Stellung und erläuterte sachlich die Vorzüge der Schleiflade für Windführung und Spielart. Ladegast selbst baute in seiner Werkstatt auch Kegelladenorgeln, wenn auch mehr nolens als volens. In einem Brief vom 13. Januar 1880 an Leopold Zellner, den Generalsekretär der Wiener Gesellschaft der Musikfreunde, schreibt er: »Von den im vergangenen Jahr gelieferten Werken waren zwei mit Kegelladen. In vieler Beziehung sind dieselben leichter herzustellen als Schleifladen. (Doch ganz unter der Hand gesagt!) Das Schleifladensystem wird von den Kegeln nicht verdrängt werden. Da jedoch jetzt alles kegeltoll ist, so hilft's nicht, man muß – mitheulen!«

NIEDERGANG DER FIRMA?

Die 1880er Jahre waren die erfolgreichsten der Ladegastschen Werkstatt. In diesem Jahrzehnt entstanden so viele große Orgeln wie niemals vorher und auch danach nicht mehr. Bis nach Spanien und Südafrika wurden Orgeln geliefert. Doch kündigt sich schon zu Beginn der achtziger Jahre der Niedergang der Firma an. In der Orgel- und Pianobau-Zeitung vom 6. September 1884 heißt es: »Die Firma Ladegast ist seit drei Jahren in entschiedenem Rückgange begriffen. Sie verliert ein Arbeitsfeld nach dem anderen. So z. B. ist sie aus Leipzig, welches früher gleichsam als ihre Domäne galt und wo es kaum denkbar erschien, daß eine andere Firma als Ladegast den Bau einer größeren Orgel erhalten könnte, durch Walcker & Cie. und in neuester Zeit Sauer, vollständig verdrängt.«

Ursache dieses beginnenden geschäftlichen Rückgangs war ein harter Konkurrenzkampf, der in der Orgelwelt Wellen schlug. Es ging um einen Streit zwischen den Orgelbauern Eberhard Friedrich Walcker und Friedrich Ladegast, zugleich zwischen der neu entwickelten Kegellade gegen die traditionelle Schleiflade. Die »Urania« stellte sich auf die Seite des Konkurrenten und zwang Friedrich Ladegast, sich mit vielen Angriffen auseinanderzusetzen. Aber er war klug und als Geschäftsmann versiert genug, in seiner Bauweise das neue Verfahren zu integrieren. Nach wie vor vertrat er sein Schleifladensystem, konnte sich aber dem allgemein vorherrschenden Trend nicht völlig entziehen.

Der schon erwähnte Zettel in der Orgel der Leipziger Nikolaikirche aus dem Jahre 1895 berichtet von einer niederträchtigen Intrige, die mit einem Aufsatz im Leipziger

Tageblatt vom 4. Dezember 1881 begann, wo von der schablonenhaften Construction der Nikolaiorgel gesprochen wurde. Diese Intrige wurde 1882 und 1883 weitergesponnen, mit Erfolg (wie Friedrich Ladegast selbst schreibt). Es kann sich dabei nur um den Konkurrenzkampf um den Orgelbauauftrag für das neu erbaute Gewandhaus gehandelt haben, der schließlich 1884 an Walcker ging und dem bald die großen Aufträge für den Kristallpalast und das Konservatorium folgten. In den großen Leipziger Stadtkirchen wurde Ladegast durch Wilhelm Sauer abgelöst: Petrikirche 1886 III/60 und Thomaskirche 1889 III/63.

So ganz weiß man auch nicht, was man von dem behaupteten Niedergang zu halten hat. Einerseits wird behauptet und belegt, daß in keinem Jahrzehnt so viele Orgeln in Weißenfels gebaut werden wie zwischen 1880 und 1890, andererseits soll die Firma Ladegast eine Krise erlebt haben. Friedrich Ladegast wird bei vollen Auftragsbüchern sicher auch an die Grenzen seiner Auslastung gestoßen sein. Vielleicht hatte er gute Gründe, seine Werkstatt nicht über die Maßen auszudehnen. Vielleicht gab es auch nicht genügend gut ausgebildete Orgelbauer am »Arbeitsmarkt«. Vielleicht müßte man auch genau feststellen können, wie die soziale Situation der Mitarbeiter war. Bekannt ist, daß im Mai 1898 bei der Firma Ladegast gestreikt wurde.

1890 wurde Friedrich Ladegast (seit 1888 Friedrich Ladegast & Sohn) an der Ausschreibung für die zweitgrößte Orgel Deutschlands beteiligt, die in der Hamburger Nikolaikirche gebaut werden sollte. Den Auftrag für das 100registrige Werk erhielt jedoch die Firma Röwer in Hausneindorf. Kann man dies als Indiz für den behaupteten Niedergang werten? Auch heute bekommt man nicht jeden Auftrag, für den man ein Angebot abgibt.

Friedrich Ladegast – sein Lebensabend

Die Kunst ist lang, das Leben kurz,
das Urteil schwierig,
die Gelegenheit flüchtig.
Handeln ist leicht, denken schwer;
nach dem Gedachten handeln
unbequem.
Goethe

ZWEI GENERATIONEN – ZWEI WELTEN

Im Hause Ladegast waren die Kinder längst herangewachsen. Sicher wünschte sich Friedrich Ladegast sehnlichst, sein Lebenswerk, die Orgelbaufirma, an seine Söhne weiterzugeben. Mit der Werkstatt aber sollte auch die Passion des Vaters an die nächste Generation weitergegeben werden, die Fähigkeit, einem Instrument Seele zu geben, wofür handwerkliches Können allein nicht genügt.

Mit diesem hohen Anspruch des Meisters hatten es die Söhne Friedrich Oscar und Friedrich Ernst sicher nicht leicht, als sie ihre Lehre in der Werkstatt begannen. Sie hatten einen strengen Chef, der in der Ausbildung des Nachwuchses dieselben hohen Ansprüche stellte, die er zeitlebens an sich selbst gestellt hatte.

Es muß eine schmerzliche Erkenntnis für Friedrich Ladegast gewesen sein, daß seine Söhne nicht in gleichem Maße über die Anlagen verfügten, die er selbst in sich getragen und mit Kraft, Fleiß und Idealismus gefördert hatte.

Als 30jähriger kapitulierte – so darf man sich das wohl vorstellen – der älteste Sohn Friedrich Ernst vor dem mächtigen Vater. Er schied 1883 aus dem Unternehmen aus und suchte sein Glück im fernen Australien. Er lebte bis zu seinem Tod am 7. Juli 1939 in Griffith/Neu Südwales. Er wie auch sein Bruder Friedrich Oscar erreichten immerhin 86 Lebensjahre, ein Jahr nur weniger als der Vater.

Friedrich Oscar (* 26. September 1858, † 4. Januar 1944) blieb an der Seite des Vaters. Ab 1888 firmierte das Unternehmen als Friedrich Ladegast & Sohn. Hand in Hand mit dem Junior arbeitete der erste Lehrmeister von Friedrich Ladegast, der Bruder bzw. Onkel Christlieb, in der Werkstatt. Dem Senior war in erster Linie daran gelegen, die Funktionskraft seines Werkes zu sichern. Für die Weiterentwicklung seines Sohnes blieb da kein Raum. Die geschäftliche Blüte der Orgelbaufirma bis zum Beginn der 90er Jahre des letzten Jahrhunderts begann zu verblassen. Ladegast & Sohn hatte vermehrt mit Konkurrenz und Intrigen zu kämpfen. Die früher so sichere Domäne des Leipziger Raumes ging als Arbeitsfeld verloren und wurde vom Mitbewerber Walcker & Cie. übernommen. Daran konnten auch die Kompromisse im Streit Kegellade contra Schleiflade nichts mehr ändern. Als neue Richtung im Orgelbau setzte sich um die Jahrhundertwende die Röhrenpneumatik durch – eine Entwicklung, die Oscar Ladegast aufgriff. Es ist leicht vorstellbar, wie da die Ansichten von Vater und Sohn aufeinanderprallten, zumal der Senior nicht daran dachte, das Heft aus der Hand zu geben.

STILLSTAND DER ENTWICKLUNG

Einen Gesichtspunkt, der bei der »Bewertung« von Friedrich Oscar Ladegast eine Rolle spielen sollte, beleuchtet William Hepworth, der Organist der Hauptkirche St. Jacobi – auch an einer Ladegast-Orgel – in Chemnitz. William Hepworth war der Sohn von George Hepworth, Organist an der Schweriner Domorgel, unter dessen Händen Ladegasts Meisterwerk am 3. Oktober 1871 »abends 6 1/2 Uhr bei erleuchteter Kirche und vor einem überaus zahlreichen Auditorium« zum ersten Mal erklungen war. William Hepworth schreibt in seinen Erinnerungen an Friedrich Ladegast:*

Altersbildnis von Friedrich Ladegast um 1895 mit 77 Jahren. © Museum Weißenfels

»Hätte mein lieber Freund Friedrich Ladegast (geb. 1818, gest. 1905) nicht gerade zu der Zeit, in welcher die definitive Einführung der Röhrenpneumatik und deren noch stetig fortschreitende Vervollkommnung einsetzte, sich vom Orgelbau zurückgezogen, er würde sicher nicht nur Hochbedeutendes, sondern sehr wahrscheinlich auch noch Originales auf diesem Gebiete geleistet und voll-

* »Zeitschrift für Instrumentenbau« Nr. 28, 27. Jahrgang

bracht haben. War doch z. B. die von ihm erbaute und 1871 fertiggestellte 84stimmige Orgel im Dom zu Schwerin, ebenso wie die von ihm 1872 geschaffene Konzertorgel des Wiener Musikvereins-Saales, obgleich beide, wenn man von der Verwendung pneumatischer Hebel und mehreren originellen Konstruktionen absieht, noch nach dem alten System gebaut sind, schon mit fast allen Neuerungen ausgestattet, welche eigentlich erst durch die Anwendung der Röhrenpneumatik Allgemeingut wurden. Da gab es ein großes Crescendo für das ganze Werk, freie Kombinationen verschiedener Art und gesondert für alle Abteilungen der Manuale und des Pedals, Spielmaschinen eigener Erfindung usw., alles in praktischer übersichtlicher Anordnung und überdies teilweise selbst in größerer Vollendung, als solche später mit Hilfe der an sich viel leichter auszuführenden modernen Pneumatik zuweilen erzielt wurde – und dies schon bei Schleif- und Hängeladen, wenigstens in den genannten Werken...«

Der Freund des vor zwei Jahren verstorbenen Friedrich Ladegast erwähnt bei allen diesen Überlegungen, die hier nicht vollständig wiedergegeben werden, im Sommer 1907 den Sohn Friedrich Oscar mit keinem Wort.

Der gleichermaßen musikalisch wie technisch konstruktive Kopf war eben Friedrich Ladegast...

LETZTER AUFTRITT IN LEIPZIG

Friedrich Ladegast war 78 Jahre alt, als die Fachwelt noch einmal auf den Meister aufmerksam wurde. Nach dem Abschluß umfangreicher Reinigungs- und Ergänzungsarbeiten an der Leipziger Nikolai-Orgel – es waren zwei zusätzliche Barkermaschinen und eine durchschlagende Clarinette 8' eingebaut worden – führte Friedrich Ladegast Anfang November 1895 einem geladenen Kreis das große Werk vor. Zuhörer und Journalisten lobten das Spiel des frischen und rüstigen Organisten, der zum letzten Mal in der Öffentlichkeit seine Meisterschaft als Künstler und Handwerker offenbarte. So berichtet im Jahr 1901/02 die »Zeitschrift für Instrumentenbau«:

»Altmeister Ladegast, der trotz der Last seiner 78 Jahre noch eine beneidenswerte Frische und Rüstigkeit besitzt, führte am Abend des 7. November das mächtige

Werk einem geladenen Kreis andächtiger Zuhörer vor und zeigte sich hier bei dieser Gelegenheit noch einmal sowohl als unübertroffener Meister der Intonation wie auch als ein Künstler, der sein Werk ausgiebig zur Geltung zu bringen vermag.«

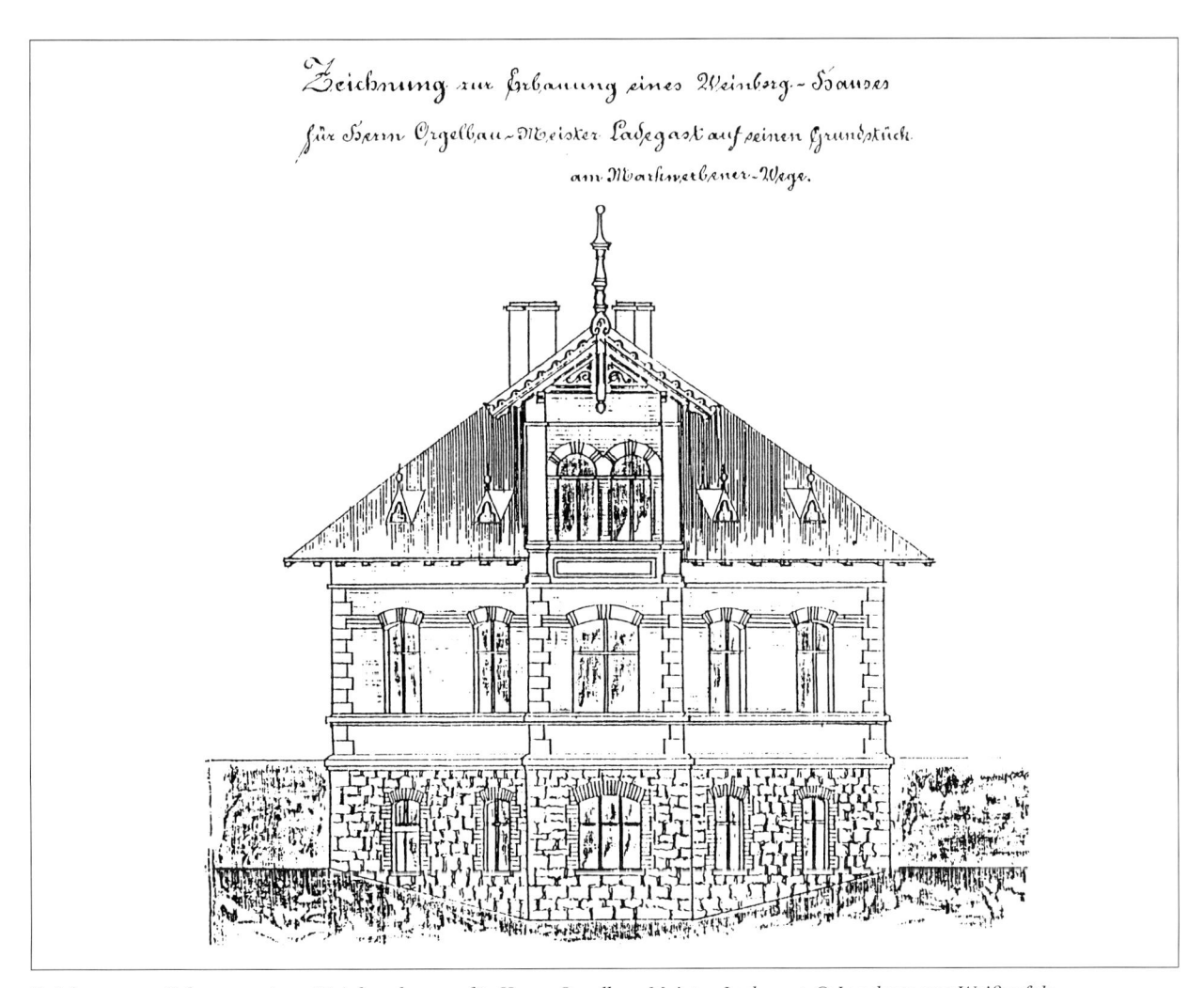

Zeichnung zur Erbauung eines Weinberghauses für Herrn Orgelbau-Meister Ladegast. © Landratsamt Weißenfels

DAS ENDE DER GROSSEN ÄRA DES ORGELBAUERS FRIEDRICH LADEGAST

Bis zum 80. Lebensjahr des Vaters mußte Friedrich Oscar auf die Leitung der Firma warten. War die Zeit zu lang, um die Fähigkeiten des Sohnes zur Geltung kommen zu lassen? Oder war die Prägung des Unternehmens durch die Handschrift des Friedrich Ladegast zu mächtig, um dem Nachfolger eine Chance zu geben? Jedenfalls verblaßte der Glanz des Unternehmens, der von der Genialität, der Solidität und der Passion des Altmeisters bestimmt war. Friedrich Oscar war eben wohl auch nicht aus dem harten Holz gemacht wie sein »self-made«-Vater. Im Mai 1898 – im Jahre 1898 ging die Firma auf Friedrich Oscar über – wurde einen Tag lang in der Orgelbaufirma Ladegast gestreikt. Das hätte es wohl zu des »Altmeisters« Zeiten nicht gegeben – er hätte es sicher zu verhindern gewußt.

Friedrich Oscar führte die Werkstatt bis in die 20er Jahre unseres Jahrhunderts. In dieser Zeit, in der der Orgelbau ohnedies durch die Folgen des Ersten Weltkrieges einen schweren Stand hatte, entstanden keine großen Werke mehr. Die Aufgaben der Firma beschränkten sich im wesentlichen auf Reparaturen. Friedrich Oscars Söhne gingen andere Wege. Die große Ladegast-Ära war vorbei.

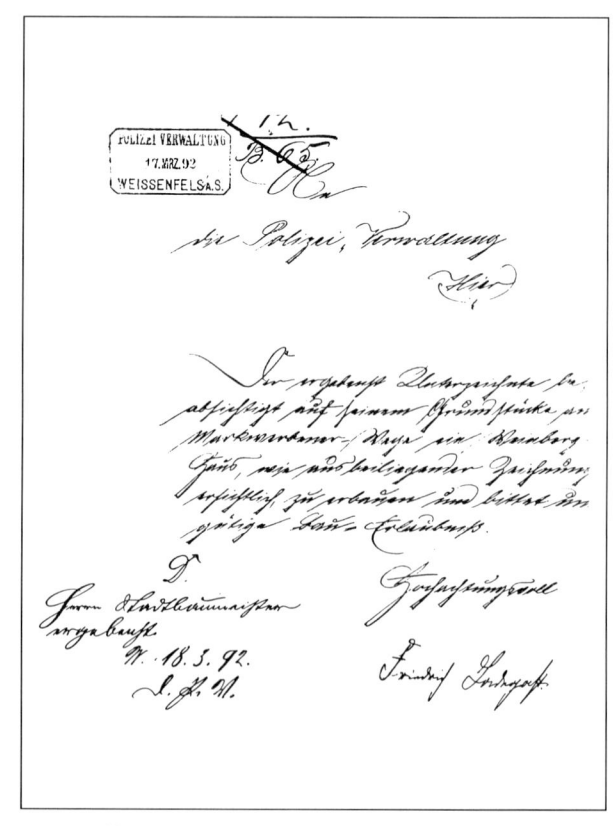

1892 stellte Friedrich Ladegast einen Bauantrag für ein »Weinberghaus« am Herrenberg.
© Landratsamt Weißenfels

In diesem Weinberghaus verbrachte Friedrich Ladegast seinen Lebensabend. Als Sterbehaus wurde es 1993 unter Denkmalschutz gestellt.

AUSKLANG

Im Jahr 1892 starb Bertha Ladegast. Sie war 42 glückliche und schwere Jahre lang an Friedrich Ladegasts Seite. Nach ihrem Tod zog sich der Witwer in ein Weinberghaus am Herrenberg zurück. Dort verbrachte er am Stadtrand von Weißenfels seinen Lebensabend. Beim Blick über das Saaletal und die kleine Stadt, in der er gelebt und sein Lebenswerk geschaffen hatte, mag er wohl auch seinen Erinnerungen nachgegangen haben. Er selbst lebte dann noch »still und zurückgezogen im Kreise der Seinen, nur am kirchlichen Leben noch regen Anteil nehmend«.

Aber der Kampf war noch nicht zu Ende. Mit einem Schlaganfall forderte das Alter seinen Tribut. Tochter Elisabeth pflegte den Vater liebevoll bis zu seinem Tod, der es Friedrich Ladegast nicht leicht machte. »Helft mir doch, helft mir doch!«, waren seine letzten Worte, bevor er am 30. Juni 1905 in Elisabeths Armen die Augen schloß. Er, der ein Leben lang aus eigener Kraft zu Ruhm, Erfolg und Erfüllung seiner Träume gekommen war, bat zum letzten Schritt um Hilfe.

Grabstein von Friedrich Ladegast

TRAUER UM DEN KÜNSTLER UND DEN MENSCHEN

Am 30. Juni 1905 starb Friedrich Ladegast in Weißenfels im Alter von 87 Jahren. Die Grabrede des Weißenfelser Pastors Gerhardt zeigt auch den Menschen Friedrich Ladegast und nicht nur den (offensichtlich rastlos schaffenden) Orgelbauer: »Die Stadt betrauert den Heimgang ihres angesehenen Bürgers. Die Kunst klagt um einen ihrer besten Meister, dessen Namen jedes Lexikon nennt, die Kirche um ihren greisen und weisen Vertreter – die Loge um einen treuen Bruder, die Familie um ihr greises Oberhaupt. Sein einfach Wesen stammt aus der Zeit, in der es ohne Samt und Seide ging. Als euch die Mutter und ihm sein Weib starb, da hatte er die Höhe erreicht, den Berg erstiegen, sich einen Namen gemacht, die Kinder erzogen. Gern hätte er noch mit euch vom freundlichen Heim auf sanfter Höhe über die duftigen Wiesen hinab ins leuchtende Abendrot geschaut – Gott wollte es anders!... Er war, ich weiß nicht wie lange, Vertreter der Kirchengemeinde, ein treues Glied der evangelischen Kirche. Es hat ihm wehe getan, daß er seit Neujahr nicht mehr ins freundliche Kirchlein über der Saale im Hospitale kommen konnte. Er wäre gern noch dageblieben bei den Seinen. Der pflegenden Tochter aber werden die Hülferufe des sterbenden Vaters noch lange nachklingen: ›Helft mir doch, helft mir doch!‹ Die Zeit, das Alter forderte seinen Tribut. Ein leichter Schlag traf ihn. Auf seinem Grabe wollen wir im Geiste das Kreuz aufrichten, an das er sich im Leben gehalten, das er durch seine Kunst mit hat verklären helfen.«

In der »Urania« Nr. 9 von 1905, 62. Jg., rühmt A. W. Gottschalg unter der Überschrift »Vom Groß- und Altmeister Friedrich Ladegast« den Verstorbenen:
Wer nach dem Höchsten in seiner Kunst gestrebt, der hat für alle Zeiten gelebt.

Am 20. Juni d. J.* ist einer der ältesten (87 Jahre), berühmtesten und verdientesten deutschen Orgelbaumeister zur ewigen Heimat eingegangen. Er war geboren am 30. August 1818 in Hochhermsdorf bei Geringswalde (Sachsen). Nahe an 200 größere und kleinere Orgelwerke haben den Namen des großen Künstlers in und außer Deutschland rühmlichst bekannt gemacht, da er zu seiner Zeit in Norddeutschland der bedeutendste Vertreter seines Faches war.

In der Schule seines Ortes hatte er sich tüchtige Elementarkenntnisse zugeeignet, sowie auch im Klavier- und Orgelspiel. Nach seiner Konfirmation trat er bei seinem älteren Bruder Christlieb Ladegast, der eine Orgelbauerei gegründet hatte, in die Lehre.

Während dieser Zeit war er unablässig bemüht, sich wissenschaftlich weiterzubilden, z. B. in der Mathematik, Akustik etc. Auch im Zeichnen machte er namhafte Fortschritte. Die neue exakte wissenschaftliche Orgelbau-Theorie des Professors Dr. J. G. Toepfer studierte er eifrigst, ebenso wie der sel. Meister Friedrich Schulze in Paulinzella. Dies war nicht zu seinem Schaden, denn auf dem Gebiete des Schleifladensystems hat der Verklärte das Höchste erreicht, was ich auf diesem Gebiete kennen gelernt habe. Erst später bequemte er sich zu dem Kegelladensystem. Schon in seiner Lehrlingszeit baute er auf eigene Rechnung einige kleinere Orgeln, die wohl gelungen waren.

1846 etablierte sich der junge talentreiche Mann in Weißenfels, wo er sich besonders der Teilnahme des berühmten Musikdirektors E. Hentschel erfreute.

Die größere Orgel in Hohenmölsen mit 25 Stimmen war so gut ausgefallen, daß ihm der Dom-Organist H. Engel und die betreffenden Behörden in Merseburg den Umbau der großen 84st. Domorgel übertragen. Das Talent und der großartige Fleiß des jungen Meisters hatten sich glänzend bewährt.

---

* Das Datum, das die »Urania« angab, war falsch. Es war der 30. Juni 1905. Der Grabstein nennt den 1. Juli 1905.

Franz Liszt hatte in Folge dieses vielversprechenden Resultates seine großartigste Orgelphantasie über Meyerbeers Propheten geschrieben. Tema: ›Ad nos, ad salutarem‹ die ein Schüler Liszts und Dr. Töpfers, der noch lebende Alexander Winterberger, vollendet ausführte. Meister Liszt hatte aber sein Werk auch mehrere Tage sorgfältig einstudiert, so daß Meister Ernst Hentschel aus Weißenfels ausrufen konnte: ›So was Großes habe ich noch nie gehört!‹ Von da an war der Verklärte ein vielgesuchter, berühmter Mann. Aber trotz aller Ehrungen blieb er ein bescheidener und schlichter Charakter.*

Ich habe früher viel mit ihm verkehrt und gar manches von ihm gelernt. Er hat eine große Zahl bedeutender Werke geschaffen, z. B. in St. Nicolai zu Leipzig (84 St.), Domorgel zu Schwerin (84 St.), Orgel der Musikfreunde in Wien (56 St.), St. Jacobi in Chemnitz (62 St.) etc. 1898 übertrug der Heimgegangene, der auch als Mensch alle Achtung verdiente, sein blühendes Geschäft seinem Sohne Oscar, dem wir bestes Gedeihen wünschen.

* Ich selbst habe auf diesen Meisterwerke zwei Mal öffentlich konzertiert.

Bei dem verklärten Meister wurde ich immer an folgendes Dichterwort erinnert:

»Als schönstes Geschenk der Gottheit
ist zu beachten
ein hochstrebsamer, klarer Geist;
als Grundkraft zu achten,
ein zufriedenes Gemüt
als lebentätiges Geschmeide;
und ein warmes Herz
für die kleinste Freude.«

Dem früheren Freunde
weihen wir folgendes:
»Schlummre sanft nach mühevollen Tagen,
redlich war dein Lebenslauf vollbracht.
Treu hast du des Lebens Last getragen,
schlummre friedlich in des Grabes Nacht.«

Viele Äußerungen seiner Zeitgenossen zeigen ein sympathisches Bild seiner Persönlichkeit: Manchen wird bei erster Begegnung mit Friedrich Ladegast die Bescheidenheit seines Auftretens, die Einfachheit seiner äußeren Erscheinung und die ganze angenehme Art und Weise, in welcher er sich gab, aufgefallen sein. Die edelste Menschenfreundlichkeit bildete den Grundzug seines Charakters, dabei war er, was seine Lebensbedürfnisse betrifft von seltener Anspruchslosigkeit. Aber er stellte die höchsten Anforderungen im Dienste seiner Kunst und war ein Mann von großer reeller Energie, welcher oberflächlichem Wesen gegenüber keine Rücksicht nahm.

SCHÜLER WURDEN ZU MEISTERN

Stattlich ist die Reihe der Orgelbauer, die in der Werkstatt Friedrich Ladegasts gearbeitet und wohl auch gelernt haben und später als selbständige Orgelbauer tätig waren: Carl Bernecker in Leipzig, Hollenbach in Neu-Ruppin, Heinrich Hegermann in Altenburg, Franz Emil Keller in Ostrau, Carl Geissler in Eilenburg. Aus der Orgelbauerfamilie Rühlmann aus Zörbig kamen die Brüder Wilhelm und Theodor, die später ihre Firma zu einer der größten im mitteldeutschen Raum ausbauten, nach Weißenfels. Aber auch von weiter her zog der gute Ruf des Ladegastschen Unternehmens strebsame Orgelbauer an: Aus dem Fürstentum Lippe kam Ernst Klaßmeyer, der während der Montage der Orgel des Wiener Musikvereins nach Hause – nach Kirchheide – gerufen wurde und dort eine Firma gründete, die zwischen 1900 und 1930 zu den namhaftesten in Norddeutschland gehörte. Ebenfalls aus Westfalen kam Franz Eggert, der bei Ladegast arbeitete, bevor er 1874 die Orgelbauwerkstatt seines Vaters in Paderborn übernahm, schließlich Friedrich Rohlfing, Inhaber einer 1790 in Osnabrück gegründeten Werkstatt. Friedrich A. Memel übernahm 1858 nach seiner Weißenfelser Zeit eine bald gut florierende Werkstatt in Stralsund. Aus Baden kam Johann Anton Kiene, der 1887 sein Geschäft in Waldkirch/Breisgau eröffnete, aus Oberösterreich schließlich zog es Leopold Breinbauer bis an die Saale, der in Ottersheim bei Linz um die Jahrhundertwende eine vielbeschäftigte Werkstatt führte. Friedrich Ladegast hat seine ehemaligen Mitarbeiter auch als selbständige Orgelbauer gefördert – ein weiterer Beweis für seinen von Zeitgenossen gerühmten liebenswürdigen und uneigennützigen Charakter. Er empfahl 1880 Hollenbach für den Umbau der Walcker-Orgel in Reval, mehrfach gab er Aufträge an Geissler und Rühlmann weiter.

DIE FAMILIE

Der 1858 geborene jüngere Sohn Friedrich Oscar führte die Werkstatt bis in die 1920er Jahre weiter, doch sind aus der Zeit nach 1900 kaum noch größere Instrumente zu vermelden, nach dem Ersten Weltkrieg hat er sich nur noch mit Reparaturen über Wasser gehalten, z. B. mit dem Ersetzen von Pfeifen, die während des Krieges als Metall abgeliefert werden mußten.

Nach dem Ersten Weltkrieg waren die Menschen vielleicht auch mit anderem beschäftigt. Materielles ging sicher vor Ideellem, dann kamen die Jahre der Weimarer Republik, die Reparationsleistungen Deutschlands aus dem Versailler Vertrag, die Weltwirtschaftskrise – sicher urteilt man zu streng über Friedrich Oscar, wenn man ihn an seinem Vater mißt.

Oscars Söhne wurden nicht mehr Orgelbauer. Wie die Werkstatt so geriet auch der Ruhm der Ladegastschen Orgeln bald ein wenig in Vergessenheit. In der Epoche der spätromantisch-orchestralen Orgel zwischen 1890 und 1920 galten diese Instrumente als zu sehr den barocken Traditionen verhaftet und mußten häufig weitgehende Umgestaltung über sich ergehen lassen oder wurden gar völlig beseitigt.

Schicksale von Ladegast-Orgeln

Manches Herrliche der Welt
ist in Krieg und Streit zerronnen.
Wer beschützet und erhält,
hat das schönste Los gewonnen.
Goethe

HELGE SCHULZ

DER WEISSENFELSER RAUM

Im aktuellen Verzeichnis der Ladegast-Orgeln finden wir zahlreiche Instrumente gerade in Dorfkirchen als unverändert erhalten vor. In einer Zeit, da viele Orgelbauer und Organisten auf Stilreinheit setzen und vom Bemühen um eine für Werke aller Stilepochen geeigneten Universalorgel Abschied genommen haben (Wer weiß, für wie lange. In der deutschen Musikgeschichte gab es schon so manchen radikalen Umbruch.) mag das für besondere Achtung und Sorgfalt sprechen. In nicht wenigen Fällen muß das Gegenteil beklagt werden: Viele dieser Orgeln sind ungepflegt und verwahrlost.

Zum wahrscheinlich letzten Mal spielte ich im Erntedankgottesdienst 1994 die Ladegast-Orgel der Kirche in Borau. Nur noch das I. Manual funktionierte einigermaßen zuverlässig. Obermanual und Pedal waren eigentlich nicht zu gebrauchen. Zur Kirchengemeinde zählen weniger als 100 Menschen, und es ist kaum möglich, den ehemals schönen Kirchenraum in benutzbarem Zustand zu erhalten und alle Löcher abzudichten.

In der katholischen Kirche St. Elisabeth zu Weißenfels stand bis Anfang der siebziger Jahre eine Orgel von etwa gleicher Größe. Diese war sehr stark vom Holzwurm befallen, weshalb sie durch einen Neubau ersetzt wurde.

Nach Aussagen von Zeitzeugen wurde in frühen DDR-Jahren die Orgel des Weißenfelser Lehrerseminars herausgerissen, um eine große Bühne zu haben, und verschrottet.

Ähnlich erging es dem dreimanualigen Instrument in der Klosterkirche Schulpforta. Erhalten blieben die Aula-Orgeln in den Gymnasien Schulpforta und Weißenfels, letztere mit einigen Veränderungen.

Im Schloß Goseck waren der Jugendclub der Gemeinde und eine Jugendherberge untergebracht. Jugendliche haben in der Schloßkirche einige Figuren schwer beschädigt, und auch die Orgel wurde geplündert. Erhalten blieben das Gehäuse und eine größere Anzahl von Pfeifen. Angesichts der sehr hohen Zahl restaurierungsbedürftiger historischer Bauwerke in der Burgenregion von Sachsen-Anhalt muß bezweifelt werden, ob dieses Instrument aus dem Jahr 1875 jemals wieder erklingen wird.

Noch vor wenigen Jahren zeigten sich manchmal sogar Kenner überrascht, daß auch in der Marienkirche zu Weißenfels, dem größten Gotteshaus der Stadt, in der sich Ladegast niederließ, eine Orgel des Meisters steht. Das dreimanualige Instrument vom Beginn der mittleren Schaffensphase stand lange im Schatten der größeren Ladegast-Orgeln in Merseburg, Schwerin und Köthen, wo das Wissen um die wertvollen Orgeln weiter in das Bewußtsein der Öffentlichkeit gedrungen war.

Gepflegt wurde diese Orgel immer, was bei erforderlichen größeren Arbeiten mit einigen dem Zeitgeschmack entsprechenden Dispositionsveränderungen verbunden wurde. Zwar brachte die romantische Stilepoche eine Rückbesinnung auf alte Musik mit sich, die bedeutende Tonsetzer wie Mendelssohn-Bartholdy und Brahms teilweise in ihren Kompositionsstil einfließen ließen (Polyphonie, Hinwendung zu alten Chorälen). Doch erst rund 100 Jahre nach Mendelssohns sensationeller Wiederaufführung von Bachs Matthäus-Passion wurde Musik des 17. und frühen 18. Jahrhunderts in größerem Umfang gespielt, und dafür wurden mehr helle Stimmen benötigt, als sie die meisten der seit 1850 erbauten Orgeln aufzuweisen hatten.

Nicht dem Zeitgeschmack, sondern dem Ersten Weltkrieg fielen die Zinnpfeifen im Prospekt zum Opfer. Bis heute stehen an ihrer Stelle billigere, klanglich wenig befriedigende Zinkpfeifen.

Von Veränderungen in den Jahren 1932 und 1955 blieb das Oberwerk (I) mit Ausnahme der Oboe 8' verschont, die 1955 durch ein neues Register gleichen Namens ersetzt wurde. Im Hauptwerk (II) wurden zunächst sehr vorsichtige, 1980 dann noch einige größere Umdisponierungen vorgenommen. Es hat jetzt vier Mixturen, von denen zwei auf Ladegast zurückgehen, die jedoch leicht verändert wurden.

Im Pedal mußten Violoncello 16', Violoncello 8', Quinte 5 $\frac{1}{3}$', 1980 dann noch die Baßflöte 8' weichen. Sie wurden ersetzt durch Holzflöte 4', Weitpfeife 2', eine außergewöhnlich schreiende Mixtur 5fach und Rauschpfeife 3fach.

Bis zur Unkenntlichkeit wurde das als Echowerk konzipierte III. Manual verändert. Als Schwellwerk leistet es heute eher für

Orgelliteratur der Französischen Moderne (Messiaen, Langlais) gute Dienste und bietet für alte Musik einige interessante Klangfarben. Seien ursprünglichen Charakter hat es jedoch verloren.

Heute hat die Ladegast-Orgel der Marienkirche zu Weißenfels mit ca. 80 Prozent im Oberwerk (I) den höchsten Anteil an Originalsubstanz. Im Hauptwerk (II) sind es rund 70, im Pedal ca. 60 und im Schwellwerk (III) nur zehn Prozent.

Im Vorfeld der letzten Umbaumaßnahmen, die im Zuge notwendiger Erhaltungsarbeiten und einer Innenrenovierung der Kirche durchgeführt wurden, gab es teilweise erhitzte Diskussionen. Schon im Jahre 1966 erstellte der damalige Orgelfachberater Paul Wuttke (Erfurt) ein Gutachten und forderte noch weitergehende Umdisponierungen. Nicht nur der Besonnenheit des ehemaligen Orgelrevisors der Kirchenprovinz Sachsen, Georg-Wilhelm Schulze, sondern auch dem fehlenden Geld ist es zu danken, daß die Orgel zum größeren Teil noch aus Originalsubstanz besteht.

Bei aller Fragwürdigkeit mancher Umdisponierungen kann das Ergebnis vor allem unter dem Aspekt der Erweiterung des stilistischen Spektrums als gelungen betrachtet werden. Daß wertvolle romantische Grundsubstanz verlorengegangen ist, läßt sich nicht leugnen. Ein sehr vorsichtiger Schritt zurück wurde im Herbst 1991 gegangen, als die schreiende Pedalmixtur von 1955 durch eine Baßflöte 8' ersetzt wurde, die nach Aussage des Orgelbaumeisters Gerhard Kühn aus Merseburg von Ladegast stammen soll.

Teile der Mechanik und der Balganlage wurden in den zurückliegenden Jahren nach historischen Gesichtspunkten restauriert. Eine Wiederherstellung des Prospektes aus Zinnpfeifen wäre sehr wünschenswert.

Weitergehende Absichten einer schrittweisen Wiederherstellung der Ladegastschen Disposition verfolgt der neue Kirchenmusiker in Weißenfels, Alexander Koschel. Da sich die Orgel heute weitgehend in einem guten Zustand befindet und als wertvolles Dokument einer Zeit dienen kann, in der romantische Orgeln schrittweise an barocke Klangideale angenähert wurden, plädierte im Ladegast-Jahr 1993 der Siegener Professor Dr. Hermann J. Busch für eine Erhaltung des Instrumentes im jetzigen Zustand.

Trotz gelegentlicher Verärgerung über das Verschwinden einiger charakteristischer Ladegast-Register kann ich mich dieser Meinung anschließen, denn die Zeiten, in denen romantische Orgeln barockisiert wurden, sind vorüber, und bevor alles stilrein restauriert wird, sollten auch aus dieser Periode einige gelungene Beispiele erhalten werden. Das Geld wiederum – sofern überhaupt vorhanden – sollte der Rettung einiger vom völligen Verfall bedrohter Ladegast-Orgeln zugute kommen.

Helge Schulz
Bezirkskantor in Zweibrücken

Einige von Ladegasts Orgeln erlitten im 20. Jahrhundert typische Schicksale zwischen völliger Zerstörung oder glanzvoller Wiederherstellung.

DIE ORGEL DER LEIPZIGER NIKOLAIKIRCHE

Ein für das letzte Jahrhundert Orgelbaugeschichte sehr bezeichnendes Schicksal hat Ladegasts größtes Werk, die Orgel in der Leipziger Nikolaikirche, erfahren. 1902 waren die Windladen durch die in den 1870er Jahren eingeführte Dauerbrandheizung total zerrissen. Die Ansprüche an Klang und Spielart hatten sich zudem so gewandelt, daß ein grundlegender Umbau durch Wilhelm Sauer erfolgte, bei dem nur das »ausgezeichnet wohlgelungene und durchweg trefflich erhaltene Holz- und Zinnpfeifenmaterial« und der Prospekt weiterverwendet wurden. (Das Gutachten von Wilhelm Sauer, das wohl auch durch Konkurrenzdenken beeinflußt war, kam zu keinem guten Urteil über die Orgel, besonders über den Zustand, in dem sie sich befand. Inzwischen weiß man, daß viele Störungen in der

Hauptsache der unsachgemäßen Heizung zuzuschreiben waren). Weiter berichtet die »Zeitschrift für Instrumentenbau 1901/02« über das erneuerte Werk: »Der Spieltisch erhält alle Vervollkommnungen der neuesten Zeit – rund 450 Registerspielhülfen (Stecher und Druckknöpfe) in übersichtlicher und bequem handlicher Anordnung – Wippenregistratur, feste und freie, sich gegenseitig auslösende, die Handregistratur abstoßende, oder so man will, die Handregistratur verstärkende Combinationen, von denen jede Gattung für sich wiederum zur Hervorbringung jedes gewünschten Klangwechsels befähigt ist, je einen Jalousieschweller für das III. und für das IV. Manual sowie für die vox humana, Generalvollschweller für das ganze Werk, 9 Coppeln und eine Oktav-Manualcoppel II./I. Die bisherige Registeranzahl (85) soll einschließlich Glockenspiel auf 94 Register erhöht werden. In Folge dessen hat auch die Klangdisposition sehr belangreiche Verbesserungen erhalten. Die zu geringe Anzahl der bisherigen 8-Fuß-Stimmen (24) hat eine Vermehrung bis zu 44 erfahren. Neue Charakterstimmen wurden ebenfalls hinzugefügt. Die Grundtönigkeit und die Kraft des Tutti sind wesentlich gesteigert.«

Kaum eine Generation später war auch die neue Klangdisposition schon wieder veraltet, und die Firma Walcker gestaltete 1931 das Instrument im Sinne der Orgelbewegung um, so daß heute noch die gewaltige Fassade mit den ab E im Prospekt stehenden 32'-Pfeifen (diese allerdings in den 1920er Jahren in Zink ersetzt) von dem seinerzeit vielgerühmten Instrument Ladegasts künden. Ähnliches geschah dann zu Zeiten der Orgelbewegung an vielen bis dahin unverändert gebliebenen Orgeln Ladegasts, die nun nicht barock genug schienen. Über beide Tendenzen sollte man nicht urteilen. Auch Friedrich Ladegast hat von älteren Orgeln nur das übernommen, was seinen Vorstellungen entsprach – bei aller Wertschätzung und aller Aufmerksamkeit, die er den Leistungen seiner Vorgänger entgegenbrachte. Die Orgeln Ladegasts, welche das letzte Jahrhundert unverändert überdauert haben, verdienen allerdings als Zeugen ihrer Epoche erhalten zu werden, ganz zu schweigen von ihrer handwerklichen Qualität, die von einem neuen Instrument wohl kaum übertroffen werden kann. Eine gründliche Ausreinigung der Nikolaiorgel erfolgte noch einmal 1986 bis 1988 durch die Firma Sauer, Frankfurt/Oder. Eine neue elektropneumatische Traktur und acht Setzerkombinationen helfen mit, alle Anforderungen des modernen Musiklebens zu erfüllen.

Seit 1990 wird die Orgel in der Nikolaikirche – die größte, die Friedrich Ladegast in Leipzig erbaut hatte – durch die Firma Christian Scheffler in Sieversdorf gepflegt. Christian Scheffler berichtete auch von Überlegungen, die »überaus imposante Orgel mit ihrer sehr bewegten Geschichte« – »zurückzubauen«.

NEUENGESECKE IN WESTFALEN

In der (alten) Bundesrepublik sind drei zweimanualige Schleifladenorgeln erhalten geblieben, von denen die größte ein bemerkenswertes Schicksal hatte. Ladegast baute sie 1876 für die evangelische Kirche in Neuengesecke in Westfalen. Dort wurde sie bis Anfang der 70er Jahr wenig beachtet, bis mit der Restaurierung der romanischen Kirche die Orgelempore des 19. Jahrhunderts entfernt werden mußte. Der Orgelsachverständige der Staatlichen Denkmalpflege erstellte ein Gutachten, demzufolge das Instrument historisch wie künstlerisch wertlos ist und verschrottet werden sollte. Die Zerstörung der Orgel konnte tatsächlich im letzten Moment durch den zuständigen kirchlichen Orgelsachverständigen verhindert werden. Sie wurde für einen geringen Betrag an die katholische Kirchengemeinde Ennigerloh bei Münster verkauft. Die Orgelbauwerkstatt Gerald Woehl, Marburg, konnte das Instrument samt seiner pneumatischen Registrierungsanlage denkmalgerecht wiederherstellen, und inzwischen sei es als eines der wichtigsten Denkmäler des Orgelbaus seiner Zeit sehr zu Ehren gekommen.

SIEGEN

Merkwürdig mutet an, was der Orgel in Siegen widerfuhr. Der bereits zitierte Bericht aus Siegen lautet weiter: »Nun kam die Jahrhundertwende. Einige Risse an den Gewölben rechts und links der Orgel ließen sich durch Kalkpflästerchen nicht mehr zudecken, und die Gemeinde mußte sich von der Notwendigkeit eines Umbaues überzeugen lassen. Derselbe begann

1903 und war zunächst nur in kleinem Maßstabe beabsichtigt; die Orgel sollte stehen bleiben und wurde zum Schutz vor Staub und Beschädigung mit Brettern verschalt. Über die weitere Entwicklung schreibt vielleicht einmal ein Eingeweihter 1953 oder 2003; kurzum: Die Verschalung wurde wieder abgerissen, die Orgel abgetragen, und ihre einzelnen Teile fanden Unterkunft im Zeughaus (Erdgeschoß des ev. Gesellenhauses).

In der erneuerten Kirche war nur für eine Orgel gar kein Platz, so daß ich – ungefragt natürlich – allen Ernstes den Vorschlag machte, sie hinaus auf den Markt zu verlegen, von wo sie dann als Fernwerk wirken könne. Der Rat des einzigen Nichtsachverständigen fand selbstverständlich keine Beachtung. Endlich wurde der Fürstenstuhl zur Orgelempore bestimmt; die Bälge sollten im Raum unter demselben aufgestellt werden. Der Raum war für die Windpumpen zu eng. Ladegast schickt diese nach Weißenfels und nimmt Schöpfer in Arbeit. Nach einigen Wochen kommt Gegenbefehl: Die Bälge kommen auf den Speicher. Ladegast stellt die Arbeit an den Schöpfern ein, und die Windpumpen reisten wieder auf der Bahn nach Siegen. Ein ungefähr zehn Meter langer Kanal führte den auf dem Speicher gepumpten Wind nach unten in die Orgel. Einige von mir vorgeschlagene, vom Orgelbauer gut geheißene und von der Gemeindevertretung genehmigte Veränderungen innerhalb der Orgel konnte ich nur mit großer Mühe durchsetzen. Nun steht die Orgel frei auf einem Bretterboden; jedes Geräusch, das ein Winkelhebel, eine zurückspringende Taste oder ein zuklappendes Ventil verursacht, klingt verstärkt in die Kirche hinein. Orgelklang und Gemeindegesang kommen aus zwei getrennten Räumen; jede Unstimmigkeit fällt natürlich der Orgel zur Last. Die Bälge pumpen im Sommer heiße Speicherluft in die kühle und im Winter kalten Wind in die erwärmte Kirche, so daß die Zungenstimmen fast nie, die andern Pfeifen selten stimmen. Außerdem verlor die Orgel die einzige Spielhilfe, die sie besaß: Zwischen den zwei Windladen des Pedales war eine Maschine eingebaut, die, wenn der Organist auf einen Knopf drückte, durch Winddruck sämtliche starken Stimmen einführte; infolge des engen Gewölbes mußten die Windladen dichter zusammengerückt werden, und die Maschine verschwand. Den Bälgetretern war der Genuß der Predigt versagt, denn der Weg von ihrer Arbeitsstelle in die Kirche ist weit; so schliefen denn an einem kalten Herbstsonntag beide Windmacher den Schlaf langer Weile, als die Gemeinde den Schlußvers singen wollte, und den Organisten verwandelte die Not in einen Kantor. Der Kirchenälteste Herr Fries aus der Seelbacher Mühle machte auf einen elektrischen Gebläseantrieb aufmerksam, den er an einer neuen Orgel in Nauheim gelegentlich eines Kuraufenthaltes hatte kennengelernt. Die beiden Herrn Kirchenältesten H. Gimbel und G. Klingspor und ich – diesmal durfte der Organist dabei sein – besichtigten die Anlage, und dann wurde von der Firma Bokelmann und Kuhlo in Herford auch bei uns ein elektrischer Gebläseantrieb angebaut.

Anfang August 1917 wurden der Orgel die schönen, wertvollen Prospektpfeifen genommen; sie lagen dann wochenlang bei der Gasanstalt. 1921 stellte die Firma Walcker in Ludwigsburg neue Pfeifen ein.

Die Orgel hat in den 50 Jahren nie versagt. Fehler, die in der Bauart oder in dem verwendeten Material ihre Ursache haben könnten, sind nie hervorgetreten. Sie ist in ihren zarten Stimmen kein rührseliges »Orchestrion« und im vollen Werk kein »Krachmacher«, sie ermöglicht nicht als »Orgelmaschine« billige Erfolge; aber sie ist und bleibt eine »Kirchenorgel«. Alle Musiker, die sie kennenlernten, waren erstaunt über Fülle und Klarheit des Tones. Im Vorsommer 1914 traf Professor Franke aus Köln mich zufällig auf der Orgelbank. Ihm klagte ich, daß die Orgel so gar keine Spielhilfen habe, und fragte ihn, ob es nicht geraten sei, sie in eine pneumatische umbauen zu lassen. Professor Franke sagte hierauf: »Ja nicht umbauen. Das gibt noch einmal eine Rarität!« Gewiß, die Orgel hat ihre Mängel. Die Manuale spielen sich nicht leicht, und jedes Klavier erfordert einen besonderen Fingerdruck; auf dem gekoppelten Pedal sind schnelle Tonfiguren schwer herauszubringen. Schneller Registerwechsel verlangt, wenn keine störenden Pausen entstehen sollen, helfende Hand. Aber solche Mängel müssen ertragen und überwunden werden.

In dankenswerter Weise hat die kirchliche Gemeindevertretung beschlossen, das etwas vernachlässigte Werk wieder in möglichster Vollkommenheit herstellen zu lassen.

50 Jahre! – Ein Nebelbläschen an der Zeitenwolke – ein Menschenalter und mehr! 15 Pfarrer wählten die Lieder aus, welche die Orgel zu begleiten hatte. (Bott, Jüngst, Winterhager I, Dammann, Kühn, Achenbach, Vorlaender, Blecher, Röhrig, Schmidt, Sachse, Neuser, Winterhager II, Moa, Busse.) Vier Pfarrer (Kühn, Achenbach, Winterhager I, Winterhager II) wurden unter dumpfen Orgelklängen in ihren Särgen in die Nikolaikirche herein- und nach beendeter Trauerfeier wieder hinausgetragen zum letzten Gang. Wie mancher Mund, der mit Orgelbegleitung fromme Lieder sang, ist für immer verstummt.

Gewiß: Nicht nur Menschen, auch Orgeln vergehen; beide soll und muß überdauern die evangelische Gemeinde. Sie kann das nur, wenn sie sich hält an dem, dem Orgeltöne klingen und Menschenzungen singen sollen. »Die Gottesgnad alleine steht fest und bleibt in Ewigkeit!«*

PLENNSCHÜTZ – GÜSTROW – BIEDERITZ

Im Jahr 1866 erbaute Friedrich Ladegast eine kleine Orgel für die Kirche in Plennschütz. Der bauliche Zustand dieser Kirche war wohl in den 1970/80er Jahren so desolat geworden, daß sie aufgegeben werden mußte. Die Ladegast-Orgel wurde »gerettet«** – sie wurde von der Domgemeinde Güstrow gekauft.

Zuerst fand sie ihren Platz auf der Ostseite der Nordhalle des Güstrower Domes (in der Winterkirche), mußte jedoch dem berühmten »Schwebenden« von Ernst Barlach bei der Rückkehr an dessen ursprünglichen Standort weichen. Sie stand dann auf der Westseite der Nordhalle und wurde aus Anlaß der Umsetzung von der Firma Nußbücker umgebaut. Dabei wurde ihre Klanglichkeit verändert.

---

* Zu danken habe ich dem ev. Presbyterium für erlaubte Durchsicht des Archivs: Herrn A. Buchholz für Überlassung des betroffenen Jahrgangs der »Siegener Zeitung«, Frau Prof. Pape, Herrn H. Plitsch und Herrn Küster Wolf für mündliche Mitteilungen.

** Domkantor Paul Gerhard Schumann, Güstrow

Nachdem die große Lütkemüller-Orgel im Güstrower Dom wieder auf ihren ursprünglichen Zustand von 1868/69 zurückgeführt worden war und ihre neobarocken Umbauten verschwunden waren, fiel auf, daß nun zwei Orgeln mit sehr ähnlicher Charakteristik im Dom vorhanden waren. So kam es zu Überlegungen, die Ladegast-Orgel, die klanglich und auch optisch nie für einen großen gotischen Raum geplant und gestaltet worden war, sondern für eine barocke Dorfkirche »abzugeben«.

Zwar konnten sich der Kantor und die Gemeinde nur schwer von der Ladegast-Orgel trennen, aber man entschloß sich dann doch, diese Orgel zu verkaufen und sie durch eine neue Orgel im barocken Stil zu ersetzen.

Dies wurde dann zur beherzt genutzten Chance für die Gemeinde Biederitz. Die Festschrift zur Neueinweihung der Ladegast-Orgel in Biederitz im Sommer des Jahres 1997 spricht sogar von einem Wunder...

Eine Annonce zum Verkauf der Ladegast-Orgel brachte – neben anderen – den Kontakt zur Biederitzer Kantorei, die schnell der Wunschkandidat des Güstrower Domkantors

Die vier Evangelisten in der Kirche Biederitz

wurde. Ein weiterer – willkommener – Gesichtspunkt für den »Contract« zwischen Güstrow und Biederitz war auch, daß die Orgel wieder »nach Hause« – nach Sachsen-Anhalt – zurückgebracht/zurückgeholt werden konnte.

Nachdem eigens ein Förderkreis für den Erwerb der Orgel gegründet worden war und alle Beteiligten auch zu den Kosten »genickt« hatten, konnte der Auftrag für die Restaurierung an die Firma Kristian Wegscheider aus Dresden vergeben werden. Es begann die langwierige und sorgfältige Wiederherstellung der Ladegast-Orgel. Dank des Elans und der Begeisterung aller Freunde dieses Projektes konnte die umfangreiche

SCHICKSALE VON LADEGAST-ORGELN

Orgel in der Kirche Biederitz.
Von Plennschütz über Güstrow
nach Biederitz,
Op. 44, II/12, Op. 45 II/13, 1866.
© Foto Fritz

Arbeit innerhalb eines Jahres abgeschlossen werden. Daß dies alles so gut vonstatten ging, ist nach dem Eindruck von Kristian Wegscheider auch dem Geist von Friedrich Ladegast zuzuschreiben. Die Orgelbauer hätten gespürt, daß ihnen Ladegast wohlwollend über die Schulter geschaut und sie gelenkt und geleitet hat.

Am 1. Juni 1997 wurde die Ladegast-Orgel mit einem festlichen Gottesdienst und Konzert eingeweiht. Sie wird künftig im Gottesdienst und im Biederitzer Musiksommer eine tragende Rolle spielen. Die schöne Dedikationsinschrift auf der ursprünglich Plennschützer Orgel lautet:

»Gott zum Dank fur seines Seegens Fälle, den Gemeinden zum erhebenden Genuss, weiht dies Ladegast'sche Werk der Kirche deren Schutzherr Victor Trinius, Anno 1866«

Möge also der Plennschützer Schutzherr Victor Trinius auch über die Biederitzer Kirche und ihre Orgel wachen und allezeit seinen »Seegen« spenden.

Orgel in der Kirche zu Blösien (Plösien), Op. 17, I/11, 1856. Die Orgel wurde 1995 von Rösel & Hercher Orgelbau, Saalfeld restauriert.
© *Rösel & Hercher*

DER NACHRUHM

Als Friedrich Ladegast im Juni 1905 zu Grabe getragen wurde, beklagte die Stadt Weißenfels den Abschied von einem begnadeten Orgelbaumeisters, einem angesehenen Bürger, aber auch von einem geschätzten Menschen, der sich mit seinem einfachen Wesen und der Gradlinigkeit seines Denkens und Handelns viele Freunde gemacht hatte. Die Familie trauerte um ihr »greises Oberhaupt«, die evangelische Kirchengemeinde betrauerte das Mitglied ihrer Gemeinde, die Loge einen treuen Bruder. Der Name Friedrich Ladegast war in der Kunst und in der Geschichte des Orgelbaues in Deutschland so fest verankert, wie es ein gelungenes Lebenswerk nur erreichen kann.

Und doch wurde es stiller um den Meister und seine Orgeln. Große Werke wurden im Ersten Weltkrieg durch das Abliefern der Zinnpfeifen geschädigt, im Zweiten Weltkrieg wurden dann viele Orgeln durch Bomben zerstört. Nach dem Zweiten Weltkrieg, mitten im Frieden, wurde eine Kirche mit all ihrem »Inhalt«, darunter einer Ladegast-Orgel, gesprengt! Natürlich gab es veränderte Klangauffassungen und Verständnislosigkeit gegenüber einem althergebrachtem Klangideal. Ebenso hat es allerdings

Orgel in der Kirche von Bischdorf (Bisdorf), Op. 20, I/7, Op. 37, I/9, 1864. Die Orgel wurde 1994 durch Rösel & Hercher Orgelbau, Saalfeld, restauriert.
© *Rösel & Hercher*

auch zu allen Zeiten in den Institutionen Menschen gegeben, die den Wert der Ladegastschen Instrumente kannten und zu schätzen wußten und unter großen Mühen die Substanz der Orgeln bewahrten.

Für diese Behauptung sprechen die vielen Förder- und Freundeskreise, die sich gebildet haben; die große Bereitschaft – auch in Zeiten, in denen das Geld knapper wird – große Summen für die Restaurierung der Orgeln durch den Staat und seine Organe zur Verfügung zu stellen; durch Sponsoren und nicht zuletzt durch begeisterte Bürger Geld »aufzutreiben« um diese – nicht nur materiell – wertvollen Instrumente zu retten.

Nicht nur dem genialen Schöpfer so vieler herrlicher Orgel-Meisterwerke sollte man ein Denkmal errichten, auch die vielen – zumeist ehrenamtlich – engagierten Freunde hätten eines für ihren Elan, ihren Schwung und ihre Beharrlichkeit verdient. Unabhängig von allen Moden und Bewegungen ist Friedrich Ladegast durch seine Orgeln lebendig geblieben. Solange seine Orgeln erklingen ist er unsterblich und wenn es einen Orgelhimmel gibt – dort wird sein Stern immer hell und glänzend strahlen.

Anhang

WERBUNG MIT WERKEN

Im Jahr 1891 baute Friedrich Ladegast in Blösau (Schleswig-Holstein) eine Orgel, die nicht mehr erhalten ist. Überliefert ist jedoch aus Blösau das Verzeichnis der bis 1888 erbauten Orgeln, das der geschickte Geschäftsmann Friedrich Ladegast als Werbung nutzte: eine Empfehlung, die ihm sicher Aufträge brachte.

Verzeichniss

der von der Firma

Ladegast in Weissenfels a. S.

bis zum Jahre 1888

erbauten Orgeln.

Nr.	Ort	Zahl der Manuale	Zahl der klingenden Stimmen
1.	Tanneberg, Kgr. Sachsen	1	9
2.	Halle, Prov. Sachsen	1	3
3.	Geusa, Prov. Sachsen	2	14
4.	Kösen, Prov. Sachsen	1	6
5.	Poserna, Prov. Sachsen	1	11
6.	Lissen, Prov. Sachsen	2	20
7.	Albertsroda, Prov. Sachsen	2	13
8.	Hohenmölsen, Prov. Sachsen	2	25
9.	Weissenfels, Prov. Sachsen	1	3
10.	Raschwitz, Prov. Sachsen	1	11
11.	Weissenfels, Prov. Sachsen	1	4
12.	Corbetha, Prov. Sachsen	2	22
13.	Merseburg, Prov. Sachsen	2	7
14.	Lisdorf, Prov. Sachsen	1	19
15.	Prittitz, Prov. Sachsen	1	13
16.	Merseburg, Prov. Sachsen	4	81
17.	Plösien, Prov. Sachsen	1	11
18.	Runstädt, Prov. Sachsen	1	8
19.	Dehlitz, Prov. Sachsen	2	16
20.	Bisdorf, Prov. Sachsen	1	7
21.	Schulpforta, Prov. Sachsen	3	34
22.	Klitten, Schlesien	2	17
23.	Ober-Clobicau, Sachsen	2	13
24.	Memel, Ostpreussen	2	39
25.	Weissenfels, Prov. Sachsen	1	3
26.	Weissenfels, Prov. Sachsen	1	3
27.	Disa, Schlesien	2	15
28.	Selau, Prov. Sachsen	2	13
29.	Gürkau, Böhmen	2	13
30.	Weissenfels, Prov. Sachsen	2	13
31.	Leipzig	2	10
32.	Göhlitz, Prov. Sachsen	1	9
33.	Gerstewitz, Prov. Sachsen	1	7
34.	Leipzig	4	85
35.	Weissenfels, Prov. Sachsen	3	41

	Zahl Manuale	Zahl der klingenden Stimmen
36. Zöschen, Prov. Sachsen	2	17
37. Langenau, Schlesien	2	28
38. Wittenberg, Prov. Sachsen	3	39
39. Görlitz, Schlesien	1	9
40. Görlitz, Schlesien	1	4
41. St. Ingbert, Bair. Pfalz	2	16
42. Reichenbach, Schlesien	2	16
43. Mutschau, Prov. Sachsen	2	14
44. Plennschütz, Prov. Sachsen	2	13
45. Storkau, Prov. Sachsen	1	5
46. St. Mathiae, Russland	2	13
47. Burtneck, Russland	2	20
48. Walk, Russland	2	22
49. Leipzig	2	19
50. Moskau, Russland	2	17
51. Grossärchen, Schlesien	2	16
52. Wolfstein, Bayern	2	16
53. Polditz, Kgr. Sachsen	3	33
54. Knautnanndorf	1	10
55. Naumburg, Prov. Sachsen	2	22
56. Dunajowce, Südrussland	1	10
57. Lohsa, Schlesien	2	15
58. Schwerin	4	84
59. Moskau, Russland	2	18
60. Cöthen, Anhalt	3	46
61. Wien, Österreich	3	56
62. Görlitz, Schlesien	2	28
63. Weissenfels, Prov. Sachsen	2	14
64. Thonberg, Kgr. Sachsen	2	21
65. Schafstädt, Prov. Sachsen	3	33
66. Leipzig	3	55
67. Goseck, Prov. Sachsen	2	19
68. Taucha	2	17
69. Eythra, Kgr. Sachsen	2	17
70. Posen	3	13
71. Münster, Westfalen	3	42
72. Siegen	3	40
73. Neuen-Gehsecke, Westfalen	2	22
74. Reval, Russland	3	58
75. Rappel, Russland	1	12
76. Dresden, Kgr. Sachsen	2	9
77. Weissenfels, Prov. Sachsen	2	14
78. Leipzig	2	13
79. Frömern, Westfalen	2	17
80. Braunsdorf, Prov. Sachsen	2	16
81. Moskau, Russland	1	6
82. Granschütz, Prov. Sachsen	1	7
83. Spandau, Prov. Brandenburg	3	47
84. Niederbielau, Schlesien	2	15
85. Erfurt, Prov. Sachsen	2	17
86. Leipzig	2	20
87. Ronneburg, S.-Altenburg	3	32
88. Weissenfels, Prov. Sachsen	2	14
89. Müsen, Westfalen	2	16
90. Rudolstadt	3	33
91. Altenburg	3	40
92. Altenburg	3	38
93. Naunhof, Kgr. Sachsen	2	22
94. New-York	2	4
95. Weissenfels, Prov. Sachsen	2	13
96. Langendorf, Prov. Sachsen	2	17
97. Haardt, Westfalen	2	25
98. Kriechau, Prov. Sachsen	1	9
99. Hochheim, Prov. Sachsen	2	12
100. Rössuln, Prov. Sachsen	1	9
101. Braunschweig	3	51
102. Braunschweig	2	9
103. Grossoerner, Prov. Sachsen	2	27
104. Gluszyn, Prov. Posen	2	16
105. Droyssig, Prov. Sachsen	2	10
106. Pforta, Prov. Sachsen	2	11
107. Hermsdorf, Kgr. Sachsen	2	14
108. Wernigerode, Prov. Sachsen	3	33
109. Hamburg	2	27
110. Wolmar, Russland	3	33
111. Schwerin	2	28
112. Ehrenhain, S.-Altenburg	2	18
113. Wernigerode, Prov. Sachsen	3	43
114. Naumburg, Prov. Sachsen	3	43
115. Chemnitz, Kgr. Sachsen	3	62
116. Mittweida, Kgr. Sachsen	3	40
117. Chemnitz, Kgr. Sachsen	3	58
118. Braunschweig	2	14
119. Danstedt, Prov. Sachsen	2	24
120. Derenburg, Prov. Sachsen	2	25
121. Weissenfels (Gymnasium), Prov. Sachsen	1	6
122. Grossgestewitz, Prov. Sachsen	1	7
123. Grombach, Westfalen	2	19
124. Weissenfels (Loge), Prov. Sachsen	2	7
125. Erlbach, Kgr. Sachsen	2	18
126. Geringswalde, Kgr. Sachsen	3	31
127. Moskau, Rußland	2	10

STAMMBAUM
DER FAMILIEN LADEGAST

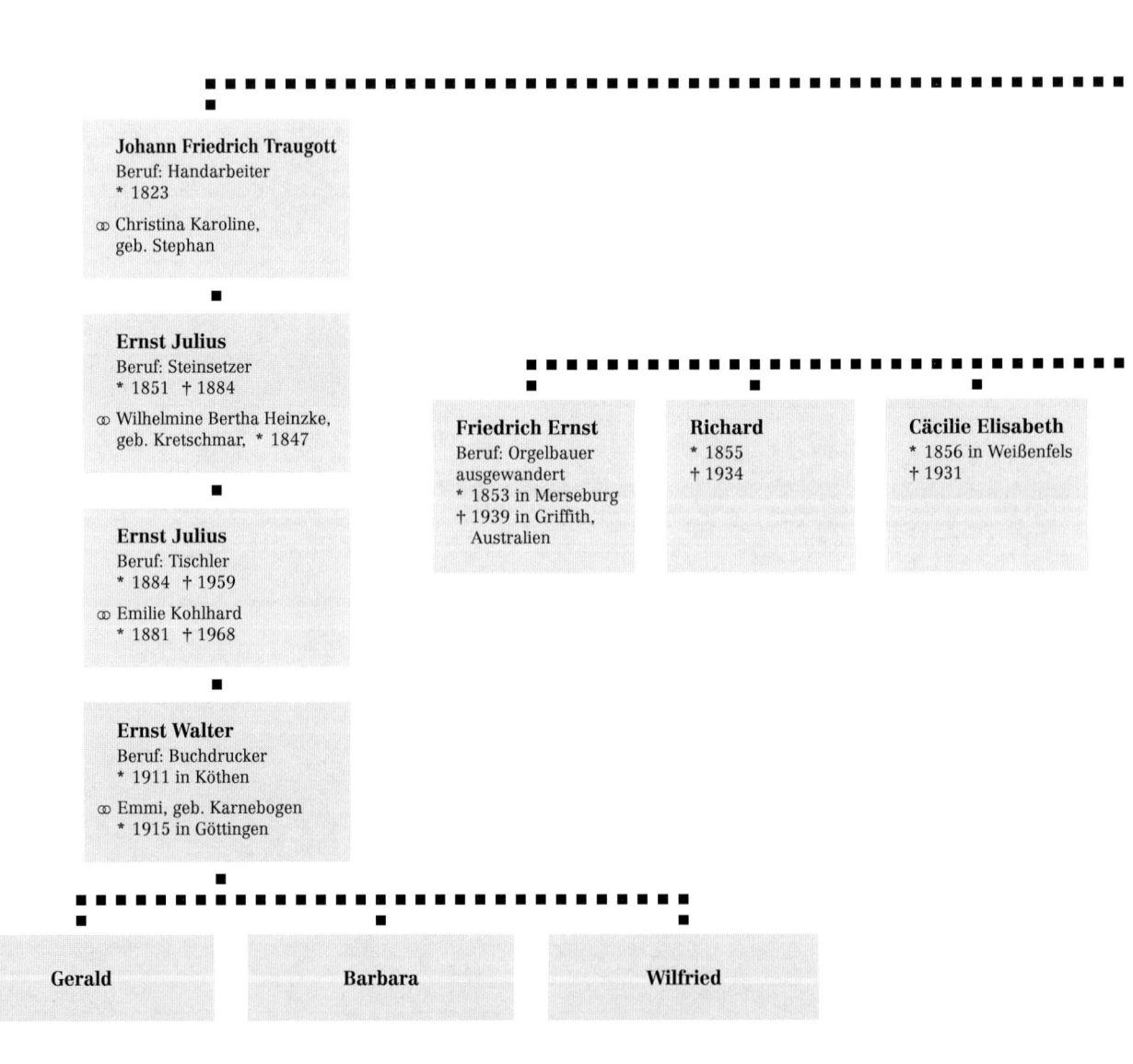

Johann Friedrich Traugott
Beruf: Handarbeiter
* 1823

∞ Christina Karoline,
geb. Stephan

Ernst Julius
Beruf: Steinsetzer
* 1851 † 1884

∞ Wilhelmine Bertha Heinzke,
geb. Kretschmar, * 1847

Ernst Julius
Beruf: Tischler
* 1884 † 1959

∞ Emilie Kohlhard
* 1881 † 1968

Ernst Walter
Beruf: Buchdrucker
* 1911 in Köthen

∞ Emmi, geb. Karnebogen
* 1915 in Göttingen

Friedrich Ernst
Beruf: Orgelbauer
ausgewandert
* 1853 in Merseburg
† 1939 in Griffith,
Australien

Richard
* 1855
† 1934

Cäcilie Elisabeth
* 1856 in Weißenfels
† 1931

Gerald

Barbara

Wilfried

Johann Gottlob Ladegast
Beruf: Häusler, Pächter, Tischler, Zimmermann
* 20.4.1745 in Gröblitz
1780 nach Hermsdorf gezogen

Johann Christlieb
Beruf: Häusler, Tischler, Röhrenmeister
* 23.4.1775 in Gröblitz
† 13.6.1855 in Hermsdorf

∞ Eva Rosina, geb. Dathin
* 1787 in Hermsdorf
† 1845 in Hermsdorf

Ihre Kinder sind:

1807 Carl Gottlieb	1818 Johann Friedrich
1808 Johann Ehrenfried†	1820 Hanna Rosina
1810 Rosina Maria†	1821 Friedrich Wilhelm
1812 Hanna Christiana	1823 Johann Traugott
1813 Christlieb	1825 Johann Ephraim
1815 Carl August	1828 Johann Ernst Friedrich
1817 Rosina Maria	

† als Kinder gestorben

Johann Friedrich
Orgelbaumeister
* 1818 in Hochhermsdorf
† 1905 in Weißenfels

∞ Berta, geb. Lange
* 1826 in Weißenfels
† 1892 in Weißenfels

Christlieb
Beruf: Orgelbauer, Ausbilder von Friedrich
* 1813 in Hochhermsdorf
† 1898 in Halle

∞ 1839 Johanna Rosina, geb. Michael

Friedrich Oskar
Beruf: Orgelbauer
* 1858 in Weißenfels
† 1944 in Weißenfels

∞ Emma Amalie, geb. May

Bertha Alma
* 1865 in Weißenfels
† 1928

Ernestine Wilhelmine
* 1836

Ernst Robert
Beruf: Orgelbauer
* 1838

Ernst
* 1843 in Gerlingswalde bei Hermsdorf

Conrad
* 1900 in Berlin
† in Weißenfels

unverheiratet

Werner Friedrich
* 1901 in Weißenfels
† in Gernau bei Berlin

STANDORTE
DER WICHTIGSTEN
LADEGAST-ORGELN
IN DEUTSCHLAND

- Kiel
- Rostock
- Hamburg
- Schwerin
- Bremen
- Berlin
- Braunschweig
- Magdeburg
- Wernigerode
- Köthen
- Wittenberg
- Delitz
- Halle
- Taucha
- Merseburg
- Görlitz
- Weißenfels
- Leipzig
- Naunhof
- Köln
- Naumburg
- Altenburg
- Siegen
- Erfurt
- Meerane
- Dresden
- Hermsdorf ★
- Limbach
- Freiberg
- Rudolstadt
- Chemnitz
- Leuteberg
- Reichenbach
- Erlbach
- Stuttgart
- Freiburg
- München

△ Große Orgeln
○ Orgel-Standorte
★ Geburtsort F. Ladegast
■ Orientierungsorte

LADEGAST-ORGELN IN ALLER WELT

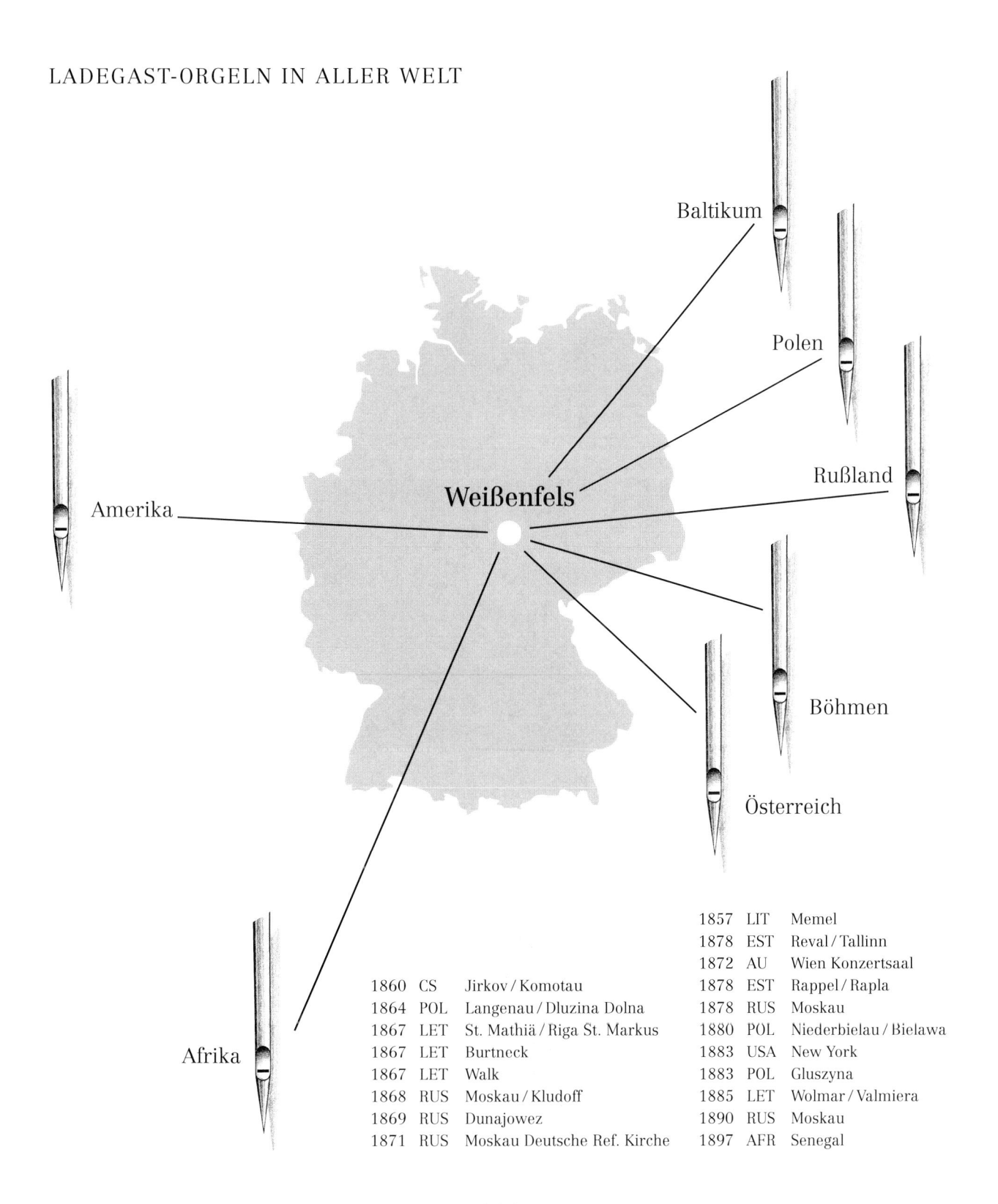

Baltikum

Polen

Rußland

Amerika

Weißenfels

Böhmen

Österreich

Afrika

1860	CS	Jirkov / Komotau
1864	POL	Langenau / Dluzina Dolna
1867	LET	St. Mathiä / Riga St. Markus
1867	LET	Burtneck
1867	LET	Walk
1868	RUS	Moskau / Kludoff
1869	RUS	Dunajowez
1871	RUS	Moskau Deutsche Ref. Kirche
1857	LIT	Memel
1878	EST	Reval / Tallinn
1872	AU	Wien Konzertsaal
1878	EST	Rappel / Rapla
1878	RUS	Moskau
1880	POL	Niederbielau / Bielawa
1883	USA	New York
1883	POL	Gluszyna
1885	LET	Wolmar / Valmiera
1890	RUS	Moskau
1897	AFR	Senegal

BEGRIFFSERKLÄRUNG

mit freundlicher Erlaubnis des Bärenreiter Verlages, entnommen aus Hans Klotz »Das Buch von der Orgel«

(engl. = englisch, frz. = französisch, gr. = griechisch, ital. = italienisch, katal. = katalanisch, lat. = lateinisch, ndl. = niederländisch, span. = spanisch; unter C vermißte Titel suche man unter K und vice versa)

Äoline, Aeolus (lat.; gr. Aiolos) war der Gott des Windes; von daher die Äolsharfe, ein schon im Altertum bekanntes Instrument; als Orgelregister bedeutet Äoline 1. einen sehr engen und zarten Streicher; 2. ein durchschlagendes Zungenregister (wohl nach dem »Äoline« genannten, um 1820 erfundenen kleinen Harmonium).

Apfelregal, ein Regal mit apfelförmigen Aufsätzen.

Assat, fehlerhaft für Nassat (= Nasard).

Baarpfeife (in der alten ndl. Rechtschreibung Baerpijp = Singende Pfeife; von Praetorius als »Bärpfeife« mißverstanden); 1. weite Spitzflöte; 2. Regal mit weiten Aufsätzen in Doppelkegel- u. a. -formen; 3. Quintadena.

Bajón (span.) = Fagott.

Bajoncillo (span.), Verkleinerungsform von Bajón.

Barem, Gedeckt 8'.

Bauernpfeife, eine Pedalflöte zu 1'; bezieht sich wohl auf das Pfeifen mit gespitztem Mund, jedenfalls würde das mit dem realen Tonumfang ziemlich übereinstimmen.

Bellgamba, ein englischer Streicher zu 8'; einem schmalen Pfeifenkörper (konisch oder zylindrisch) ist ein kurzer Trichter aufgesetzt.

Blockflöte, eine Flöte zu 4' (oder 2') weiter Mensur.

Bock = starker Tremulant.

Bombarde (frz.) = Trompete 16' oder Posaune 16'.

Bordón (span.) = Bordun.

Bourdon (frz.) = Gedeckt 16' oder 8'.

Carillon, 1. ein zusammengesetztes Labialregister (c^1–c^3 Gedeckt 4' Terz 1 $3/5$' Sifflett 1'); 2. = Glockenspiel.

Cascabelado (span.) = Zimbel.

Chalumeau (frz.) = Schalmei.

Chiflete (span.) = Sifflett.

Chimneyflute (engl.) = Rohrflöte.

Chirimia (span.) = Schalmei.

Chirumbela (span.) = Kornett.

Choralbaß, eine Pedaloktave 4' zur Führung des Cantus firmus in Alt / Tenorlage in solchen Sätzen, in denen der Baß von der linken Hand auf dem Manual gespielt wird.

Cimbala (span.) = Zimbel.

Clairon (frz.) = Trompete 4'.

Clarabella, ein engl. offenes Holzregister zu 8'.

Clarín (span.) = Trompete 8' (sic).

Clarinet (engl.) = Klarinette.

Clarion (engl.) = Trompete 4'.

Clarón, span. Weitregister für den Baß, gern dreifach besetzt, als Ergänzung der Nasardos gedacht (2 $2/3$' 2' 1 $1/3$' oder 1 $1/3$' 1' $4/5$').

Compuestas del Ileno (span.), ein zusammengesetztes Register des Prinzipalchors.

Contrabassi (ital.) = hölzerne Baßpfeifen für das rudimentäre Pedal.

Contras / Contres (span. / katal.) = hölzerne Baßpfeifen für das einoktavige Pedal.

Cor de nuit (frz.) = Nachthorn; in der Regel als Gedeckt 8' gebaut.

Cornamusa (ital.) = Dudelsack.

Cornet, Corneta, Cornetto (frz. bzw. span. bzw. ital.) = Kornett.

Cornopean (engl.), ein Zungenregister nach dem Vorbild des Cornet à pistons; gelegentlich ist (unkorrekterweise) die Trumpet der Swellorgan so genannt.

Cromorne (frz.) = Krummhorn (in Frankreich regelmäßig in voller Länge – für C = 4 Fuß – gebaut).

Cymbale (frz.) = Zimbel / Scharf.

Decima quinta (ital.) = 15. = Superoktave 2'.

Decima nona (ital.) = 19. = repetierende Quinte $1\,^1/_3$' als Teil des Ripieno.

Deutsche Flöte siehe Flûte allemande.

Diapason (engl.) = Prinzipal 8' (Manual) bzw. 16' (Pedal).

Diezynovena / Desenovena (span. / katal.) = 19. = Quinte $1\,^1/_3$' als Teil des Lleno / Plè.

Diezyséptima (span.) = 17. = Terz $1\,^3/_5$'.

Docena / Dotzena (span. / katal.) = 12. = Quinte $2\,^2/_3$' als Teil des Lleno / Plè.

Dolcan siehe Dolkan.

Dolce, sanfter Streicher zu 8'.

Dolkan (Dolcan, Dulcan, Tolkan, Dulcean, Dulzaen, Dulzain, Dultzen), ein Labialregister zu 8' oder 4' mit trichterförmigem Körper.

Doppelflöte, ein offenes oder gedecktes Holzregister zu 8' mit zwei Labien, die sich an den beiden Schmalseiten der Pfeife gegenüberstehen.

Doublette (frz.) = Superoktave 2' als Teil des Pleinjeu.

Dulciana, ein besonders in England gern gebauter Streicher in sehr enger Prinzipalmensur.

Dulzayna (span.), ein Regal, oft in der Front plaziert.

Dulzian, zylindrisches Rohrwerk voller Länge (8 Fuß bzw. 4 Fuß Länge bei 16'- bzw. 8'-Ton) zu 16' und 8'; im Gegensatz zum Krummhorn beginnt der Aufsatz mit einem kurzen trichterförmigen Fuß.

Echokornett, ein Kornett 5fach Diskant, in einem Echokasten eingeschlossen.

Englisch Horn, ein Zungenregister mit trichterförmigem Aufsatz, der am oberen Ende in einen kurzen Doppelkegel ausläuft.

Evakuant = Windablaß.

Faberdon, vereinfachte Form von Fauxbourdon zur Bezeichnung der Rauschquinte $2\,^2/_3$' 2' (später als »tonus fabri« – Ton des Schmiedes – gedeutet für ein 2'- und / oder 1'-Register).

Fagott, Zungenregister als Baß zum Register Oboe.

Fiffaro (ital.) = Querflöte; ein Diskantprinzipal, zum ordentlichen Prinzipal 8' schwebend gestimmt.

Fifteenth (engl.) = 15. = Superoktave 2'.

Flachflöte, leicht konisches Register mit breitem Labium und niedrigem Aufschnitt zu 8', 4' und 2'.

Flagoelet (frz.) = Flageolett; Flötenregister zu 2' oder 1', zylindrisch oder konisch.

Flaut = Flöte; Flaut major und Flaut minor bedeuten in der Regel Gedeckt 8' und (gedeckte) Flöte 4'.

Flauta (span. / katal.) = Flöte.

Flautadillo (span.) = kleiner Prinzipal (4').

Flautado / Flautat (span. / katal.) = Prinzipal; Flautado 26 bzw. 13 palmos / palms (= Handspannen) = Prinzipal 16' bzw. 8'.

Flauta travesera (span.) = Querflöte.

Flautes de nou punts (katal.) = Flöte mit neun Löchern = Blockflöte.

Flautes tapades (katal.) = gedeckte Flöten.

Flauto amabile (ital.) = Liebliche Flöte.

Flauto traverso (ital.) = Querflöte.

Flöte steht in der Regel im Vierfußton wie z. B. die Hohlflöte im Gegensatz zur achtfüßigen Hohlpfeife.

Flûte (frz.) = Flöte; im frz. Orgelbau des 18. Jahrhunderts tritt neben Montre 8' und Bourdon 8' oft eine Flûte 8'.

Flûte allemande (frz.) = Deutsche Flöte; gemeint ist weitgehend speziell die Militärflöte.

Flûte à pavillon (frz.), zylindrisch-offene Flöte mit trichterförmigem Aufsatz (ähnlich der engl. zylindrischen Bellgamba).

Flûte conique (frz.) = Spitzflöte.

Flûte douce (frz.) = Blockflöte.

Flûte harmonique (frz.), zylindrische Offenflöte 8', ab c^2 überblasend.

Flûte octaviante (frz.), Vierfußlage der Flûte harmonique; ab c^1 (Klang c^2) überblasend.

Flûte traversière (frz.) = Querflöte.

Fourniture (frz.) = Mixtur.

French horn (engl.) = Frz. Horn; Zungenregister mit trichterförmigen Aufsätzen voller Länge, stark gefütterten Kehlen und besonders dicken Zungen vom runden Klang des Waldhorns.

Fugara, aus böhmisch fujara = Hirtenflöte; ein Streicher zylindrisch-offen-enger Form.

Gaita (span.) = Dudelsack.

Gamba siehe Viola da gamba.

Gedeckt, parallelwandiges, gedecktes Register zu 8', in den beiden unteren Oktaven gern in Holz ausgeführt.

Geigenregal, ein Regal im Vierfußton.

Geigenprinzipal, ein Prinzipal sehr enger Mensur.

Gemshorn, 1. um 1500 eine zylindrisch-offene Pfeifenreihe, im Gegensatz zum Prinzipal weit mensuriert, im Vierfuß- und – später regelmäßig – Zweifußton stehend; 2. im späteren mitteldeutschen Orgelbau, ein konisch-offenes Register.

Grobgedeckt, ein Gedeckt zu 16' oder 8'.

Grobregal, ein Regal zu 16' oder 8'; das Wort grob ist hier in der Bedeutung von *gravis* zu verstehen, d. h. im Sinne von tief.

Harmonia aetherea, eine eng mensurierte, zart intonierte Mixtur.

Hautbois (frz.) = Oboe.

Hautboy, engl. Form von Hautbois.

Hintersatz, 1. bei den Blockwerken alles, was nicht im Prospekt stand; 2. bei den Doppelladen-Orgeln alles, was nicht auf der Lade der Prinzipalgruppe stand, sondern auf der Mixturlade; 3. bei den Schleifladenwerken die große Mixtur, die auf eigener Lade stand. Später wurde der Terminus Hintersatz der Abwechslung halber als Alternative zum Terminus Mixtur gebraucht.

Hörnlein (Hornwerk, Hörnli, Hörnlin, Hörnle, Hörndl, Horn), eine terzhaltige Verbindung in Prinzipalmensur (heute gelegentlich in weiter Mensur gebaut), meist 2fach ($2\,^2/_3'\ 1\,^3/_5'$, auch $1\,^1/_3'\ ^4/_5'\ /\ 2\,^2/_3'\ 1\,^3/_5'$ oder $^2/_3'\ ^2/_5'\ /\ 1\,^1/_3'\ ^4/_5'\ /\ 2\,^2/_3'\ 1\,^3/_5'$) praktisch = Sesquialter.

Hohlflöte, Hohlpfeife, oft Rohrflöte 4', Rohrflöte 8'.

Hohlschelle, gelegentliche Bezeichnung für die Quintadena.

Huit pieds (frz.) = Achtfuß; in der klassischen Pariser Orgel Bezeichnung für die Oktave 8'.

Kalkant, Klingelzug für den Bälgetreter.

Kammergedeckt, ein Gedeckt im Kammerton zur Begleitung der »Musik« (so wurden im 18. Jahrhundert die gottesdienstliche Kantate genannt). Die deutschen Orgeln standen damals einen halben Ton höher als heute, während die Orchesterinstrumente im Kammerton, d. h. einen halben Ton tiefer als heute gestimmt waren.

Keraulophon (engl.), zylindrisch-offenes Register mittlerer Mensur mit durchlöcherten Stimmschiebern; ruhiger Flötenton mit leichtem Anklang an das Zungentimbre. Der Name ist aus gr. keras = Horn, aulos = Schalmei und phone = Stimme gebildet.

Klarinette, ursprünglich ein Zungenregister mit zylindrischem Aufsatz weiter Mensur; im 19. Jahrhundert wurde es auch mit durchschlagender Zunge gebaut.

Klingende Zimbel, eine sehr eng mensurierte und sehr hoch disponierte dreifach besetzte Terzzimbel.

Kontrabaß, ein enges, offenes, streichendes Pedalregister meistens aus Holz.

Konzertflöte, ein offenes Holzregister, nicht selten innen labiiert.

Koppel, in älterer Zeit oft Bezeichnung 1. für den Prinzipal oder die Oktave; 2. für das Gedeckt.

Kornett. 1. ein Pedalzungenregister zu 2', auch Singend Kornett genannt. 2. Ein fünffach besetztes Diskantregister mit einer Rohrflötenreihe zu 8' und vier offenen weitmensurierten Reihen zu 4', 2 $^2/_3$' 2' und 1 $^3/_5$', entstanden aus den frühen Hornregistern. 3. In Süddeutschland wurde der Kornett als stark besetzte repetierende Terzmixtur in Prinzipalmensur gebaut und über die ganze Klaviatur hin ausgedehnt.

Krummhorn. 1. Eine der ältesten Zungenregister mit voller Aufsatzlänge (4 Fuß Länge für 8'-Ton.). Die Aufsätze sind zylindrisch und zwar sofort vom Stiefel aus; der obere Teil des Aufsatzes ist oft leicht trichterförmig angelegt. Die Weite nimmt über den Klaviaturverlauf hin nur wenig ab. Ältere Namen für das Krummhorn waren Schalmei (Schlick) und Rußpipe / Rauschpfeife. 2. Ein Regal mit meist zylindrischem Aufsatz.

Kuckuck, kleiner Apparat, der Kurckucksrufe ertönen läßt (etwa f^2–d^2).

Larigot, im klassischen Pariser Orgelbau Bezeichnung der Quintflöte 1 $^1/_3$' des Positivs; entsprach dem norddeutschen Siffelitt 1 $^1/_3$' des Rückpositivs.

Lleno (span.), 1. = Mixtur; 2. = Mixturenplenum, Prinzipalchor.

Lokation, ein alter Name für die Mixtur.

Mistura (katal.) = Mixtur.

Mixtur, neben dem Prästanten das älteste Orgelregister. Ursprünglich war die Mixtur auf einer eigenen Achtfußreihe aufgebaut; von da die Zweizahl der englischen Open diapasons 8'. Später, da zum Prinzipal 8' Gedeckt 8' oder Rohrflöte 8' hinzugekommen waren, basierte die Mixtur auf einer Vierfußreihe. Angesichts der späteren Präsenz von Oktave 4', Quinte 2 $^2/_3$' und Superoktave 2' wurde die Grundlage der Mixtur mit 2' oder 1' gewählt.

Montre (frz.) = Prinzipal, falls er im Prospekt steht.

Musette (frz.) = Sackpfeife.

Nachthorn, 1. Name des fünf- oder sechsfach besetzten Kornett; 2. Bezeichnung der Quintadena in der Vierfußlage; 3. Terminus für eine weite offene Pedalflöte im Zeifußton; 4. Ein sehr weites, zylindrisch-offenes Manualregister.

Nachtigall läßt umgekehrte Pfeifchen erklingen, deren oberes Ende ins Wasser hineinreicht.

Nasard, frz. Name für die weite Quinte 2 $^2/_3$'; im Deutschen je nach Mundart Nasath (Norddeutschland), Nassat (Sachsen) u. a. geschrieben; im Baß oft gedeckt gebaut, als Rohrflöte oder Spitzflöte, im Diskant oft zylindrisch-offen.

Nasardos (span.), eine Weitmischung, für Baß und Diskant, aber auch für den Baß allein; dreifach 2 $^2/_3$' 2' 1 $^3/_5$' oder 2' 1 $^3/_5$' 1 $^1/_3$', vierfach 2 $^2/_3$' 2' 1 $^3/_5$' 1 $^1/_3$' und fünffach wie vierfach mit Zusatz von 4' und 1 $^1/_3$'.

Oboe, Name von frz. Hautbois = »Hochholz«)im Gegensatz zum tieferen Fagott) abgeleitet. Ein Zungenregister mit schmalen, trichterförmigen Aufsätzen, deren oberes Drittel leicht erweitert ist.

Oktave = das Oktavregister zum Prinzipal, im Achtfußton bzw. Vierfußton bzw. Zweifußton, wenn dieser sechzehn- bzw. acht- bzw. vierfüßig ist.

Pájaro (span.) = Vogel.

Pífano (span.) = Querflöte; ein Diskantregister.

Piffaro (ital.) = Querflöte; im süddeutschen Orgelbau Bezeichnung für mehrreihige Register.

Pommer, ein gedecktes Labialregister aus Metall oder Holz; in der Weite zwischen Gedeckt und Quintadena.

Posaune, das älteste Zungenregister des Pedals, zur Choralführung gebraucht; zunächst meist im Achtfußton angelegt, später auch in den Lagen zu 16' (in der Regel) und 32', stets mit trichterförmigen Aufsätzen voller Länge versehen aus Metall oder Holz.

Prinzipal, das wichtigste und schönste Labialregister, meist in dem Prospekt gesetzt und dann gern in stärkster Zinnlegierung ausgeführt (87 % = 15 Pfd. Blei auf 100 Pfd. Zinn).

Quarte, 1. gelegentlich anzutreffende Bezeichnung für die Rauschpfeife 2fach, deren beide Pfeifen (g und c¹ auf Taste C) im Abstand einer Quarte stehen; 2. im älteren französischen Orgelbau als »Quarte (du nasard)« eine weite zylindrische Pfeifenreihe zu 2'.

Querflöte. 1. Die Querflöte wurde ganz anders angeblasen als die Blockflöte; daher der schärfere Klang der Querflöte und daher die engere Mensur des Orgelregisters.
2. Mehrere gleichzeitig geblasene Querflöten klangen wegen des Intonationsunterschiedes schwebend.

Quinte, ein meist im $2\,{}^{2}/_{3}$'-Ton gebautes Prinzipalregister.

Quintflöte, eine Quinte weiter Mensur, sei es im $2\,{}^{2}/_{3}$'-Ton, sei es zu $1\,{}^{1}/_{3}$'.

Rankett, ein Zungenregister, ähnlich konstruiert wie der Sordun; der äußere Körper ist kürzer.

Rauschende Zimbel = Klingende Zimbel.

Rauschpfeife, 1. ältere Bezeichnung für das Krummhorn voller Länge; 2. weithin üblich gebraucht für die Rauschquinte.

Rauschquinte, Verbindung zweier Reihen zu $2\,{}^{2}/_{3}$' und 2' in Prinzipalmensur.

Rechtwerk, alter Name für die Trias Prinzipal 8', Gedeckt 8' und Oktave 4'.

Recorder (engl.) = Blockflöte.

Regal, ein Zungenregister mit mehr oder weniger stark verkürzten Aufsätzen.

Ripieno, der Prinzipalchor der altitalienischen Orgel, mindestens aus den Registern zu 8', 4', 2', $1\,{}^{1}/_{3}$' und ${}^{2}/_{3}$' aufgebaut, wozu noch ${}^{1}/_{2}$', ${}^{1}/_{3}$' und ${}^{1}/_{4}$' kommen konnten.

Rohrflöte, ein sogenanntes Halbgedeckt, d. h. ein Gedeckt mit innen oder außen an den Deckel gelöteten mehr oder weniger langen bzw. weiten Röhrchen. Die unharmonischen Obertöne der Röhrchen erklingen nur im Ansatz.

Rohrschelle, ein alter Name für die Rohrquintadena.

Sackpfeife, ein Zungenregister, das sich auf die melodische Partie des Dudelsacks bezieht; mit schmalem, konischem Aufsatz bekannt.

Salizett, Salizional, enge, streichende, leicht trichterförmig-offene Pfeifenreihen; von lat. salix = Weide.

Schalmei, 1. um 1500 als Bezeichnung für das Krummhorn voller Länge gebraucht; 2. späterhin bedeutete der Terminus Schalmei die Trompete 4'.

Scharf = Zimbel, d. h. die hohe der beiden Quintmixturen, mit denen im älteren deutschen und frz. Orgelbau der Prinzipalchor nach oben hin abgeschlossen wurde. Eine Terzreihe wurde dem Scharf erst später beigegeben.

Scharfzimbel, hohe Zimbel (= Scharf) im Gegensatz zur Groben Zimbel.

Sifflett, ein zylindirsch-offenes Register hoher Tonlagen, gebaut bald in weiter Mensur zu $1\,{}^{1}/_{3}$', bald in Prinzipalmensur als Oktave 1'. Der Name wird abgeleitet von ital. zufolo und frz. sifflet, was beides Pfeife heißt; heute schreibt man meistens »Sifflöte«.

Sordun, ein Zungenregister der 16'-Lage mit einem gedeckten Aufsatz von einem halben Meter Höhe und einem Durchmesser von etwa einer Handbreite. Im Innern befindet sich ein Aufsatz in Form einer langen, gewundenen Röhre.

Sperrventil, Windsperre für das eine oder andere Werk.

Spillflöte, ein offenes Labialregister, dessen Körper zum einen Teil zylindrisch ist und zum andern konisch.

Spitzflöte, ein offenes Labialregister, dessen Körper durchgehend konisch ist.

Superoktave, bei achtfüßigem Prinzipalfundament Vertreter in der Zweifußlage; bei Prinzipal 16' steht sie im Vierfuß-, bei Prinzipal 4' im Einfußton.

Tertian, die Verbindung von zwei Prinzipalreihen zu $1\,{}^{3}/_{5}$' und $1\,{}^{1}/_{3}$'.

Terzflöte, eine Terz in weiter Mensur.

Timbal (span.) = Pauke.

Tintinabulum (lat.) = Carillon.

Tolkan = Dolkan.

Tremulant (lat.) = Vorrichtung an der Orgel, die den Ton einzelner Register zu einem vibratoähnlichen Schwanken der Lautstärke bringt.

Unda maris (lat.) = Meereswelle. Eine zum ordentlichen Prinzipal leicht höher (»schwebend«) gestimmte Pfeifenreihe.

Untersatz, heute in der Regel = Subbaß 16'.

Viola da gamba, ein Streicher, zylindrisch offen und sehr eng.

Violeta (span.) = Trompete 2' für den Manualbaß.

Violón (span.) = Gedeckt.

Violoncello, 1. ein Streicher nach dem Vorbild des Violoncello; 2. im ital. Orgelbau ein dulzianartiges Zungenregister.

Violone (ital.), ein Streicher nach dem Vorbild des Kontrabasses; meist inkorrekt Violon genannt (frz. = Geige).

Voci umane (ital.) = Fiffaro.

Voix céleste (frz.) = himmlische Stimme; praktisch eine Geigenschwebung, teils aus äußerst engen, sehr zarten Reihen zusammengestellt, teils aus stärkeren wie Viola da gamba.

Voix éolienne (frz.) = äolische Stimme, Stimme der Äolsharfe (siehe auch Äoline); Schwebungsregister aus Gedecktpfeifen.

Voix humaine (frz.) = Menschenstimme, siehe Vox humana.

Vox angelica = Engelsstimme.

Vox humana (lat.) = Menschenstimme; ein Zungenregister mit verkürzten Aufsätzen verschiedener Form.

Waldflöte, eine bald zylindrisch-, bald konisch-offene weite Flöte in hoher Lage.

Zimbel, 1. Ein zusammengesetztes Register als höchster Teil des Prinzipalchors, in der gleichen Funktion wie der Scharf. Im Gegensatz zur Mixtur, die eher oktavenweise repetierte, wurde die Zimbel quint-quartweise gestaffelt.

Zimbelregal, ein repetierendes Regal C-H 2', c-h 4' und ab c^1 8'.

Zimbelstern, ein sich vor den mittleren Prospektpfeifen drehendes Schellenrad.

Zink, 1. Ein zylindrisch-offenes Zungenregister weiter Mensur und voller Aufsatzlänge für den Manualdiskant.
2. Im Pedal wurde der Zink »Kornett« genannt und als Regal gebaut mit relativ engem und relativ langem Aufsatz.
3. Gelegentlich ist der Zink als zweifach besetztes Labialregister gebaut (Quinte und Terz).

QUELLEN

Akten des Kirchenarchivs Hermsdorf

Akten der Ev. Kirchengemeinde Hohenmölsen

Akten der St.-Johannis-Kirche Wernigerode

Amtsblatt der Evangelisch-Lutherischen Kirche,
Nr. 5, 36. Jg., Jena

Bärenreiter – Musiklexikon

Professor Hermann J. Busch

Deutschlandradio – Deutschlandfunk Köln

Festschrift zur Einweihung der Ladegast-Orgel in der Biederitzer Kirche, Förderkreis Biederitzer Kantorei e.V.

Freie Presse, Ausgabe 10, 11.7.93

Alois Forer, Orgeln in Österreich, Wien 1973

Festschrift zur Orgelweihe Geringswalde,
Kirchgemeindeblatt Nr. 8, August 1926

Die Gartenlaube

W. Hepworth, Erinnerungen an Friedrich Ladegast,
Zeitschrift für Instrumentenbau Nr. 28, 27. Jg.

Orgelprospekt Köthen

Ladegast, Konrad, Briefwechsel mit dem Museum Weißenfels

Lehrbuch der Orgelbaukunst, Mainz 1934

J. Maßmann, Die Orgelbauten des Großherzogtums Mecklenburg-Schwerin, Wismar, 1975

Pape Verlag, Berlin, Werkverzeichnis Friedrich Ladegast von Professor Dr. Hermann J. Busch

Festschrift zur Einweihung der restaurierten Ladegast-Orgel in Ronneburg

Heimatland, Beilage zur Siegener Zeitung,
Nr. 11, 2. Jg. 1927

Helge Schulz, Der Kirchenmusiker, Nr. 5/1993

Die Orgel im Dom zu Schwerin, Domgemeinde Schwerin

Taufregister der Stadt Weißenfels

Siegfried Thielitz, Zur Geschichte der Orgeln in Weißenfels,
Freiheit, 1981

J. G. Töpfer, Die Theorie und Praxis des Orgelbaues,
Weimar 1888

»Urania«

Martin Schmager, Porträt Friedrich Ladegast –
Orgelbaumeister – Weißenfels

Wolfgang Rentzsch, Jehmlich Orgelbau Dresden GmbH

Festschrift zur Wiedereinweihung der Orgel in der Schloßkirche Wittenberg

Hans-Günther Wauer, Die Ladegast-Orgel im Merseburger Dom

DANKSAGUNG

Bei der Suche nach Material für die Herstellung dieses Buches haben uns viele Menschen, Institutionen, Orgelbaufirmen, Pfarrgemeinden überaus bereitwillig und freundlich mit Rat und Tat geholfen.

Wir danken für erteilte Abdruckerlaubnis und/oder Auskünfte wie auch für die Überlassung von Bildmaterial

Frau Elfriede Bäselt – Kirchseeon bei München

Frau Anne-Dore Baumgarten und Frau Abraham – Predigerseminar Wittenberg

Frau Ingeborg Bräutigam – Pastorin – Kirchgemeinde St. Laurentius, Parum

Herrn Professor Dr. Hermann J. Busch – Kreuztal

Ev.-Luth. Pfarramt der Martin-Luther-Kirchgemeinde, Geringswalde

Herrn Professor Dr. Reinhard Szibor – Förderkreis Biederitzer Kantorei e.V. – Biederitz

Frau Beate Schönheit – Freundeskreis Musik und Denkmalpflege in Kirchen des Merseburger Landes – Burgliebenau

Herrn George von der Stadtverwaltung Merseburg

Frau Irene Greulich – Naumburg

Herrn Wolfram Hädicke – Oberpfarrer – Ronneburg

Herrn Heinrich Hamel – Superintendent – Wernigerode

Herrn Thomas Hildebrandt – Halle

Herrn Professor Dr. Reinhard Menger – Freiensteinau

Frau Nagel – Stiftsarchivarin – Domstift Naumburg

Herrn Professor Dr. Uwe Pape – Berlin

Frau Anke Petermann – Deutschlandfunk Außenstelle Magdeburg

Herrn Günter Pistl und Frau Hildegard – Braunsdorf

Herrn Wolfgang Rentzsch – Jehmlich Orgelbau Dresden GmbH

Frau Rösel und den Herren Rösel und Hercher – Rösel & Hercher Orgelbau – Saalfeld

Herrn Christian Scheffler – Sieversdorf

Herrn Martin Schmager – Museum Weißenfels

Herrn Karl-Michael Schreiber – Alexander Schuke Potsdam Orgelbau GmbH

Herrn Helge Schulz – Zweibrücken

Herrn Paul Gerhard Schumann – Güstrow

Lobet den Herrn i[n]
Lobet ihn in der
Lobet ihn in seinen
seiner großen Her[r]
mit Posaunen Lob[et]
und Reigen Lobet
Pfeifen Lobet ihn
Lobet ihn mit wohl
Alles was Odem